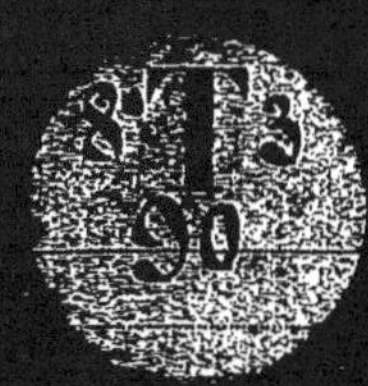

ÉTUDES

SUR

LA PROFESSION MÉDICALE

ET SUR

QUELQUES QUESTIONS D'ÉCONOMIE CHARITABLE

SUIVIES

DE L'HISTOIRE DES ÉTABLISSEMENTS ET DES INSTITUTIONS QUI EXISTAIENT A RODEZ

PAR LOUIS VIALLET

Docteur de la Faculté de Médecine de Paris,
Créateur du premier hôpital ophthalmique (asile Saint-Cyrice) en France,
ancien Professeur du cours d'accouchement à la Maternité de Rodez,
Membre de la Société des Lettres, Sciences et Arts
de l'Aveyron,
Membre de la Société de Statistique de Paris, Membre correspondant de la Société
d'Économie charitable,
de la Société archéologique de France et de la Société
d'acclimatologie algérienne.

PRIX : 2 FRANCS

PARIS,
ASSELIN, LIBRAIRE DE LA FACULTÉ DE MÉDECINE DE PARIS,
RUE DE L'ÉCOLE-DE-MÉDECINE.

1876

ÉTUDES

SUR

LA PROFESSION MÉDICALE

ET SUR

QUELQUES QUESTIONS D'ÉCONOMIE CHARITABLE

SUIVIES

DE L'HISTOIRE DES ÉTABLISSEMENTS ET DES INSTITUTIONS QUI EXISTAIENT A RODEZ

PAR LOUIS VIALLET

Docteur de la Faculté de Médecine de Paris,
Créateur du premier hôpital ophthalmique (asile Saint-Cyrice) en France,
ancien Professeur du cours d'accouchement à la Maternité de Rodez,
Membre de la Société des Lettres, Sciences et Arts
de l'Aveyron,
Membre de la Société de Statistique de Paris, Membre correspondant de la Société
d'Économie charitable,
de la Société archéologique de France et de la Société
d'acclimatologie algérienne.

PARIS,
ASSELIN, LIBRAIRE DE LA FACULTÉ DE MÉDECINE DE PARIS,
RUE DE L'ÉCOLE-DE-MÉDECINE.

1876

AU DOCTEUR BROCHARD

Chevalier de la Légion d'honneur, lauréat de l'Institut, de l'Académie de médecine de Paris, de Bordeaux, etc.

TRÈS-HONORÉ CONFRÈRE,

Un poète arabe disait, il y a déjà bien longtemps, que les arbres qui ne produisent pas de fruits sont respectés, mais que ceux qui en portent sont très-exposés à recevoir de nombreux coups de pierres de la part des passants.

C'est bien là, si je ne me trompe, votre histoire et celle de beaucoup d'autres.

Après avoir fait vaillamment votre devoir en 1849, à l'occasion du choléra, vous fûtes nommé chevalier de la Légion d'honneur. Exerçant la médecine dans un pays où l'industrie des nourrices amène une mortalité effrayante de nourrissons, votre âme fut émue à la vue de tant de ravages, et vous entreprîtes une campagne contre tous ces désordres si regrettables au point de vue de la religion, de l'humanité et de l'avenir de la France.

Vos courageux et savants écrits, en démasquant bien des abus, en appelant de profondes réformes dans l'organisation de l'assistance des enfants trouvés, vous ont valu des *communiqués*, des persécutions, une destitution : on a été même jusqu'à vouloir vous faire enlever cette décoration gagnée au péril de votre vie et que vous portez si noblement.

Loin de vous effrayer de ces procédés inqualifiables,

qui sont une triste page pour vos persécuteurs, vous n'avez pas hésité à poursuivre vos travaux.

La grande question à laquelle vous avez voué votre vie, ainsi que vous l'écrivait, il y a peu de temps, M. de la Guerronnière, outre la moralité publique qui s'y lie, renferme les plus grands intérêts économiques, car un pays y trouve force ou faiblesse, vitalité ou décadence, selon qu'ils sont bien ou mal compris.

Comme vous, mon cher Confrère, j'ai voulu, dans l'intérêt de la France et du corps médical, créer des institutions charitables, combattre des abus, appeler des réformes, demander des améliorations ; comme vous, j'ai reçu de précieuses et de très-honorables adhésions, mais que de pierres, que de déceptions, que de persécutions de tout genre.

C'est l'histoire de ces institutions et de ces œuvres humanitaires que j'ai voulu écrire, et à qui pouvais-je dédier ce travail mieux qu'à vous qui avez eu votre large part de mes déceptions et qui m'avez si bien compris; après avoir toutefois traité des graves questions qui ont trait à l'économie charitable et à la profession médicale.

Entre nous deux il n'existe qu'une différence; vous avez vaillamment combattu, et le triomphe couronne déjà vos travaux, vous êtes encore jeune et vous pourrez combattre si besoin est.

Je suis à la fin de ma carrière, et j'ai un seul espoir, c'est que le temps redressera ce qu'on a voulu ou feint de croire par trop défectueux, allongera ou raccourcira ce qu'on a estimé trop long ou trop court, et donnera une nouvelle vitalité à ce qui n'a eu qu'une existence passagère et par trop tourmentée.

L. VIALLET.

ÉTUDES

SUR

LA PROFESSION MÉDICALE

ET SUR QUELQUES

QUESTIONS D'ÉCONOMIE CHARITABLE

SUIVIES DE

L'HISTOIRE DES ÉTABLISSEMENTS & DES INSTITUTIONS

QUI EXISTAIENT A RODEZ

La profession médicale subit pendant la révolution de 93 des modifications toutes à peu près à son détriment et qui tendent de plus en plus à s'aggraver.

Les universités ou facultés de médecine, quoique très-nombreuses en France, avaient leur autonomie particulière, et tout contribuait à la leur conserver.

L'école de Montpellier se faisait gloire de sa doctrine spiritualiste ou animiste, et n'aurait jamais voulu accepter un professeur matérialiste, surtout dans sa chaire de physiologie.

Il n'en est plus ainsi depuis que l'université nouvelle, par un droit qu'elle s'est attribuée, envoie des professeurs de son choix sans consulter si leurs doctrines ne sont pas en contradiction avec celles de leurs prédécesseurs et ne sont pas un danger réel pour le corps social.

Il serait bien difficile d'admettre que le professeur actuel de physiologie est le continuateur des doctrines des Lordat, des Dumas, des Barthès et des Bordeu qui jetèrent un si vif éclat et dont le souvenir se conserve parmi les anciens médecins sortis de cette école célèbre à tant de titres.

La profession médicale avait beaucoup à désirer, mais la bureaucratie ne pesait pas de tout son poids sur le corps médical qu'on a mis sous sa dépendance en ce qui concerne les institutions charitables.

Tous les emplois n'étaient pas mis sous sa direction, malgré son peu de savoir en de telles matières, et une présomption aveugle, qui n'en est que trop souvent la conséquence, a amené cette déplorable situation.

De là, ainsi que le dit un économiste, dont la perte est si regrettable et que l'Aveyron revendique comme un de ses hommes les plus distingués en ces derniers temps, « l'instabi-
« lité à laquelle sont livrées les positions personnelles et même
« les institutions charitables sous le régime de la centralisation
« administrative qui donne aux préfets un pouvoir à peu près
« absolu sur les hommes et sur les choses. »

Sous notre vieille monarchie française le corps médical était beaucoup plus indépendant, le pouvoir reconnaissait, par des honneurs, des priviléges et des récompenses de tout genre, les médecins qui, à l'occasion de grandes épidémies, avaient noblement fait leur devoir, au péril de leur vie.

Que l'on compare les récompenses accordées aux médecins qui survécurent à la peste de Marseille, pour ne pas citer d'autres exemples, avec ce qui a été fait en faveur des médecins à l'époque du choléra, en 1832 et 1854, et l'on verra si ce corps a été convenablement rémunéré.

Quelques rares décorations de la croix de la Légion d'honneur, cependant alors si prodiguées, des médailles d'argent ou de cuivre, ont été souvent octroyées par des hommes qui avaient trouvé prudent de mettre une grande distance entre eux et l'épidémie, ou du moins de se claquemurer.

En ce qui concerne les établissements charitables, nous voyons les médecins exclus, en quelque manière, de toute participation dans les commissions administratives. Tant que la direction des hôpitaux sera entièrement entre les mains d'administrateurs pour lesquels les malades ne représentent que des chiffres, et qui s'imaginent avoir d'autant mieux rempli leurs devoirs que leurs livres en partie double sont plus régulièrement tenus, et que le montant de la dépense est moins élevé, tant qu'on forcera les hommes de l'art de s'accommoder de conditions défavorables, qu'on leur marchandera la quantité et le genre de remèdes, et qu'ils ne pourront diriger le traitement comme ils le jugeront convenable ; toute amélioration sera impossible ou du moins peu profitable.

On a constaté surtout, dans ces derniers temps, les grandes améliorations introduites dans toutes les branches de l'économie publique, en ce qui concerne les hôpitaux, à Munich, à Berlin, à Vienne, en un mot dans toute l'Allemagne, de même que dans toute l'Italie et l'Angleterre ; la raison en est que les hôpitaux, dans tous ces pays, ont, en dehors des commissions hospitalières, un *médecin* pour directeur.

En France, il en est autrement, le médecin, nommé par l'administration à des emplois officiels, est sous la dépendance absolue de personnes étrangères à la médecine, et le sort des établissements eux-mêmes dépend de l'omnipotence de la bureaucratie.

Tout ce qu'un tel état de choses présente de dangers pour les établissements et la profession médicale, qui ne peut que perdre en considération ce qu'on lui enlève sous le rapport de l'indépendance, ne m'a pas échappé ; et de là mes études et mes travaux sur les institutions charitables et sur les moyens de rendre au corps médical quelques-unes de ces prérogatives naturelles qui ne le mettraient pas dans un état continuel de sujétion aux caprices d'un grand nombre de personnes plus étrangères qu'on pense, à l'administration hospitalière.

J'eus l'honneur d'offrir à l'académie de médecine, à plusieurs membres influents de l'association médicale et à des journaux de médecine des exemplaires des différentes brochures que j'ai publiées sur la profession médicale ; la plupart voulurent bien m'en accuser réception, mais tout se borna là, à l'exception de *l'Économiste français*, du *Journal de statistique de Paris* et de *la Réforme médicale*. Ce dernier journal me témoignait le regret de ne pouvoir entrer dans le vif des questions que je soulevais, mais par suite de la liberté grande dont nous jouissions sous l'Empire, il ne lui était permis que d'effleurer les questions d'économie charitable à moins d'y être autorisé par un *cautionnement* que ne voulait ou ne pouvait pas toujours fournir le propriétaire d'un journal scientifique. Ajoutez à tout cela les dépenses faites, souvent en pure perte, l'indifférence qui accueillait les travaux qui ne pouvaient être publiés que moyennant un timbre pour chaque feuille de tous les exemplaires si votre travail n'atteignait pas dix feuilles d'impression, et l'on se fera une idée des déceptions de tout genre éprouvées par les médecins qui avaient le courage de publier quelque travail sur la profession médicale ou sur les questions d'économie charitable, et de signaler les causes et les dangers d'un tel état de choses qui va en s'aggravant.

J'avais toujours espéré que l'académie de médecine, et en dernier temps l'association médicale surtout, qui ne peuvent méconnaître la mauvaise organisation du corps médical, les abus qui le dévorent, les réformes à opérer pour faire sortir cette profession honorable de l'ilotisme dans lequel elle se meut, en étudieraient les causes et les moyens d'y porter un remède efficace.

Il n'en est pas ainsi, j'ai vu des hommes éminents, par la science et les talents de tout genre, s'agitant, ne soulevant que des questions d'un intérêt très-secondaire et n'obtenant, par conséquent, aucun résultat sérieux en rapport avec les travaux et les dépenses, soit pour se rendre aux congrès généraux de Paris, soit aux réunions des départements.

J'ai lu de nombreuses nécrologies de médecins enlevés encore bien jeunes et déjà bien désillusionnés, j'ai vu l'exercice illégal de la médecine gagnant de plus en plus du terrain et l'application de loi devenue illusoire quand elle ne sert pas de piédestal à ceux qui se rendent coupables de leur violation ; des doléances de tout genre n'aboutissant à rien, et le corps médical se traînant moralement dans le cercle de Popilius.

J'ai vu, pourquoi ne le dirais-je pas, les sacrifices que s'impose une partie du corps médical, se traduisant en quelques maigres et rares pensions accordées aux plus malheureux, quelques demi-bourses de collége en faveur des enfants de nos confrères morts, quelques bureaux de tabacs obtenus en faveur de quelques veuves.

Quant à ces mesures larges, pouvant prévenir les amères

déceptions et rendre au corps médical en entier sa dignité professionnelle, sauvegarder ses intérêts moraux et matériels, sans offrir aux intrigants les moyens de se hisser au-dessus de leurs confrères ; je n'ai rien vu qui pût de près ou de loin aboutir à ce résultat.

Quant à créer, aux dépens de l'association médicale, un journal s'occupant exclusivement de prendre en main les intérêts moraux et matériels du corps médical, faisant connaître les réformes à opérer, les abus à réprimer, il n'en a pas été question, et là était, à mon avis, la pierre angulaire de l'association.

Si cette création avait eu lieu on n'aurait pas à craindre que pendant que les uns obtiennent, sans pouvoir s'en rendre compte, des faveurs accumulées, grâce à des complaisances ou à des coteries, de voir le plus grand nombre des médecins traités comme des parias.

On ne serait pas exposé à voir, si quelque autre épidémie de choléra vient à paraître, des médecins ayant affronté tous les dangers, quelques-uns mêmes atteints de ce fléau, avec la perspective de laisser quelquefois leur famille dans le besoin, ne recevoir les uns qu'une médaille en argent, les autres une médaille de cuivre.

J'ai connu un malheureux médecin, dans le Gard, seul soutien de sa famille, qui, après avoir fait bravement son devoir, eut le choléra à son tour et ne put revenir à la santé qu'en changeant d'air. Il fut obligé de contracter des dettes, de vendre une grande partie de son mobilier, et obtint une médaille de bronze et, à force de sollicitations, un secours de *cent cinquante francs* une fois donnés.

Ne serait-il pas temps de sortir de ces voies étroites et de demander ce qui, à mon avis, du moins, pourrait y mettre un terme ?

Ce sont ces moyens que je crois devoir soumettre au corps médical en entier et particulièrement à l'académie de médecine, ainsi qu'aux associations départementales.

Je voudrais : 1° qu'il y eût *un directeur général* de l'assistance publique pour toute la France, ainsi qu'il y en a un pour les contributions directes, indirectes, l'enregistrement, les postes, en ce qui regarde *le corps médical dépendant de l'administration*, et que ce directeur fût *un médecin*.

Il aurait pour charge de nommer, de révoquer, de donner de l'avancement à ceux qu'il jugerait les plus dignes, et de défendre les intérêts professionnels ;

2° Sous lui, serait une commission de membres, en majorité *médecins*, qui auraient à étudier une nouvelle organisation des hôpitaux, à mettre un nombre suffisant de médecins, de chirurgiens, de sœurs, d'économes, d'infirmiers et d'infirmières en rapport avec le nombre de lits, de manière qu'il n'y eût plus une exubérance énorme d'un côté, et parfois un nombre très-insuffisant de l'autre. Ces inspecteurs généraux, qui remplaceraient ceux qui existent et qui ne sont pas médecins, feraient tous les trois ans une inspection des hôpitaux et des bureaux de bienfaisance.

Il devrait y avoir dans tous les départements un *médecin-directeur des hôpitaux* qui serait en même temps *inspecteur des enfants assistés*. Un ou plusieurs inspecteurs adjoints, également *médecins*, devraient être nommés selon le nombre des enfants assistés et les distances à parcourir, de manière à enrayer la mortalité si grande des nourrissons et l'industrialisme hideux des nourrices.

Le directeur et l'inspecteur adjoint, nommés l'un et l'autre par le directeur général, sur l'avis des inspecteurs généraux, ne dépendraient que de lui et auraient à lui rendre compte de leur gestion.

Les innovations, les réformes à opérer venant de la direction générale, dont ils ne seraient que les agents, point de contestations à avoir avec les commissions hospitalières, qui auraient le droit d'en appeler au directeur général.

D'après ce mode, tous les hôpitaux de chaque département seraient visités deux fois par an et plus souvent si besoin était ; les bureaux de bienfaisance auraient un contrôle sérieux.

Dans l'état actuel, les inspections générales, confiées à des personnes étrangères à la profession médicale, n'ayant lieu que tous les cinq ans, sont faites tellement à la hâte, que les principaux hôpitaux seuls sont visités et les autres ne sont connus que de nom. Et, dès lors, il s'est glissé des abus qui dénaturent le but des hôpitaux tout en dissipant les ressources dont ils disposent, et empêchent le bien qu'on serait en droit d'en attendre.

D'après un rapport de la commission des inspecteurs généraux adressé au ministre de l'intérieur, la France possédait, en 1869, 1557 hôpitaux ou hospices desservis par 2348 médecins ou chirurgiens, et ayant environ *soixante-quatre millions* de rentes.

291 médecins font le service gratuitement, 1764 reçoivent un traitement de 100 à 500 fr.; 184 un traitement de 600 à 1000 fr.; 109 de 1100 à 1500 fr.

Les sœurs hospitalières, les infirmiers et infirmières sont au nombre de 19,000, sans compter les élèves internes qui sont dans les grands hôpitaux occupés à suivre la visite du médecin ou chirurgien, à faire les pansements difficiles, à recevoir les malades, faire une seconde visite le soir et être à leur disposition pendant la nuit, en cas de circonstances extraordinaires.

Une pharmacie, tenue par un homme de l'art, remplit les ordonnances du médecin et prépare les médicaments *magistraux* et *officinaux*, mais ceci n'est qu'une très-rare exception, et dans la plupart des hôpitaux, même considérables, la pharmacie est tenue et les remèdes sont préparés par une sœur.

On comprend, et on ne peut qu'approuver, que les médecins qui desservent un hospice ayant peu de ressources et un petit nombre de malades, pour ne pas dire de vieillards ou d'infirmes, fassent leur service gratuitement.

Il ne faut pas oublier, cependant, que la plupart des hôpitaux, qui recevaient jadis des malheureux atteints de maladies aiguës ou d'accidents, ont vu les lits s'immobiliser, ne recevant que des vieillards ou des infirmes qui occuperont pendant dix ans un lit qui aurait pu recevoir, dans ce laps de temps, cinquante malades.

Ce que je ne comprends pas, c'est que le médecin des

hôpitaux soit astreint à la patente, alors qu'il soigne gratuitement les malades.

Il en est de même des médecins et chirurgiens recevant un traitement si peu en rapport avec les services rendus et la position financière de ces établissements.

Je le répète, gratuité pour venir en aide aux hôpitaux pauvres, mais je ne voudrais pas qu'on donnât un traitement vraiment humiliant au médecin, alors que l'établissement est richement doté.

En lisant le compte-rendu des inspecteurs généraux, on voit des hôpitaux dont les revenus sont très-considérables, où tous les emplois, même ceux qui par leur nombre sont superflus, très-largement rétribués, et dans lesquels les médecins sont seuls à la portion congruë.

Pour avoir le droit d'être exigeants, il serait à désirer que le traitement des médecins, eu égard aux services rendus et surtout à la position financière des différents hôpitaux, cessât d'être illusoire, pour ne pas dire humiliant.

Il serait à désirer qu'ils eussent à faire une visite matin et soir, car il ne faut pas perdre de vue que, par l'organisation actuelle, beaucoup de malades meurent parce qu'ils n'ont pas été vus et examinés assez souvent et, par suite, souvent leurs familles sont à la charge de la charité publique ; que d'autres languissent des mois entiers dans des salles d'hôpital alors qu'ils auraient pu guérir en bien moins de temps. Leur long séjour a été un sujet de grande dépense ; ils étaient le gagne-pain de leur famille ; quand ils y rentreront, la misère se sera assise à leur foyer.

Je n'entrerai pas dans de plus longs détails sur l'indispensable nécessité de subdiviser les services médicaux dans les hôpitaux, j'ai déjà traité longuement cette question dans mon ouvrage : *la Réforme dans les Hôpitaux*.

Il est une autre considération sur laquelle je crois devoir d'autant plus insister, qu'une réforme radicale est devenue indispensable, je veux parler des *cumuls*.

Que dirait-on d'un prêtre qui serait curé de trois ou quatre paroisses et aumônier de plusieurs couvents ou pensionnats, et, en outre, chargé d'inspecter tous les ans plusieurs établissements, alors qu'il y aurait dans la même ville bon nombre d'autres prêtres ayant autant de droits, par leur intelligence, de n'être pas frappés d'ostracisme ?

On ne pourrait concevoir un tel mépris des devoirs et des convenances de la part de l'autorité ecclésiastique, alors cependant que ce prêtre privilégié ne serait pas seul à avoir la direction des âmes.

Dans les établissements hospitaliers, le médecin est seul juge, et on ne comprend pas comment l'administration ferme les yeux ou, mieux, favorise des cumuls qui sont un crime contre l'humanité et la science.

Qu'un administrateur soit malade, il appelle un médecin ; s'il croit que son état s'aggrave, il demande à être vu et examiné plusieurs fois par jour ; il demande des consultations. Et le malheureux qui est à l'hôpital ne sera vu qu'une fois par jour, et tellement à la hâte, que le médecin n'aura pas le temps, à cause des nombreuses fonctions dont il est revêtu, de voir s'il a la fièvre ou la jaunisse. Que deviendra-t-il, surtout, si le médecin est appelé, par d'autres emplois, à s'absenter pendant huit et quinze jours, ce qui aura lieu s'il est *inspecteur de pharmacies.*

Il serait grand temps que le scandale des *cumuls*, contre lesquels proteste la conscience publique, eût un terme.

Des associations médicales se reliant à celle de Paris, dont elles sont tributaires, se sont formées dans à peu près tous les départements pour, disent-elles, veiller à la *protection*, à l'*assistance* et à la *moralisation* du corps médical. Les sociétaires versent tous les ans une cotisation pour atteindre ce but d'ailleurs très louable.

J'ai suivi avec intérêt tous les développements de cette association, et je me demande quels sont les services rendus en compensation des sacrifices de temps et d'argent qu'elles occasionnent.

J'en connais particulièrement une dont le président, le secrétaire et le trésorier cumulant déjà de nombreux emplois acquis tous par voie d'hérédité, de népotisme et de coteries, ont trouvé le moyen de se faire donner toutes les fonctions rétribuées, au nombre de vingt, alors que leurs confrères de la même ville, au nombre de dix en moyenne, voient honneurs et profits s'accumuler sur ces trois dignitaires.

Je me demande ce que deviennent tous ces grands mots de *fraternité*, d'*assistance* et de *moralisation*, alors que je ne peux voir que des *cumulards* jamais satisfaits, toujours insatiables, toujours les humbles serviteurs de toutes les administrations, et se servant de quelques confrères reconnaissant trop tard leurs erreurs pour détruire ce qui était à l'avantage de tous ou pour le détourner à leur profit particulier.

J'aime à croire qu'on chercherait en vain en France quelque chose d'aussi scandaleux. Mais n'est-ce pas assez pour lever les masques dont se couvrent ces bons-hommes, et empêcher qu'ils aient des imitateurs, au détriment du corps médical ?

Les hôpitaux courent des dangers d'autant plus grands, qu'aux utopistes, aux ennemis nés de tout ce qui a une attache religieuse, aux personnes qui ont toujours sur les lèvres la conservation de la famille, que l'hôpital ne détruit pas surtout s'il est situé au voisinage de la demeure du malade indigent, du vieillard ou de l'infirme, se joignent d'autres dangers, ce sont les institutions parasites qui dévorent le jour, l'air et l'espace, et font perdre aux sœurs hospitalières le goût de leur état ; et, dans ces derniers temps, la loi qui dispose, pour le moment, du cinquième des revenus des hôpitaux en faveur des secours à domicile.

Que l'on conserve les *cumuls*, qui sont une cause de prépondérance donnée aux médecins sur leurs confrères et une dépréciation de dignité professionnelle qui n'est certainement pas dans l'esprit et l'intention des administrations, et on ne tardera pas à voir les conséquences.

Qu'un médecin ait à traiter un indigent atteint d'une maladie grave attirant l'attention publique ou mieux à pratiquer une grande opération qui pourrait le faire connaître et apprécier son talent et sa dextérité, ce qui arrive plus souvent qu'on ne pense.

Dans l'état actuel, il devra envoyer son malade à l'hôpital, on dira qu'il s'est reconnu incapable, et le succès, si l'opération réussit, sera tout en faveur du médecin de l'administration et au détriment du premier.

Il devra donc forcément en appeler à la loi concernant les secours à domicile pour obtenir pour son malade une subvention, ainsi que les meubles, linges et appareils nécessaires.

Resteront les quatre cinquièmes, me dira-t-on, en faveur de l'hôpital, mais l'état-major et la domesticité à payer, les bâtiments à entretenir ou à réparer, les frais de tout genre à supporter absorberont vite les revenus, le peuple s'habituera à ce nouveau mode, et les hôpitaux deviendront déserts tout en conservant de lourdes charges qui amèneront leur ruine.

Les *cumuls* rendront *les secours à domicile* indispensables, et ces derniers entraîneront, dans un temps plus ou moins éloigné, la ruine morale et matérielle des hôpitaux, qu'ils ne sauraient remplacer.

Ainsi, je voudrais que, dans aucun cas, on ne pût être médecin ou chirurgien de deux hôpitaux, et que leur nombre fût en rapport avec celui des malades atteints de maladies aiguës, et qu'un médecin ne pût cumuler au-delà de trois emplois.

Je voudrais que dans les villes où les revenus des établissements hospitaliers atteignent le chiffre de 50,000 francs, il y eût une pharmacie centrale, et dans les autres villes, qu'un pharmacien fournît à prix réduit les remèdes, et qu'on ne pût s'occuper que de *tisanerie* dans les établissements hospitaliers.

Comment veut-on qu'un médecin puisse prescrire, je ne dirai pas des médicaments qui demandent le plus grand soin pour leur préparation, qui s'administrent comme base à la dose de milligrammes ou de centigrammes, alors que les préparations les plus simples laissent presque toujours tant à désirer, et qu'on a, de temps à autre, et plus souvent qu'on ne pense, de déplorables erreurs à regretter.

Je voudrais aussi, qu'il fût expressément défendu aux sœurs de faire de la médecine ou de la chirurgie et fournir des remèdes. Dès le moment qu'une d'elles en ferait en quelque manière profession, le directeur pourrait exiger son changement.

Les hôpitaux, je ne saurais assez le dire, sont une des plus belles institutions catholiques, et je ne comprends leur conservation qu'au moyen des sœurs pour donner des soins aux malades, mais je regrette beaucoup que dans ces derniers temps on ait laissé pénétrer dans leur sein des institutions bonnes en elles-mêmes, mais qui finiront par les amoindrir et les absorber.

Si l'on veut donc conserver les hôpitaux, que les secours à domicile ne peuvent en aucune manière remplacer, ainsi que je crois l'avoir prouvé dans mon travail sur *les Réformes dans les Hôpitaux*, il faut d'abord que ces établissements soient rendus à eux-mêmes, en éliminant les *pensionnats, orphelinats, ouvroirs* qui existent dans près de mille d'entre eux, que les attributions des médecins et des sœurs soient bien régularisées, que les services médicaux soient divisés selon les besoins et rémunérés convenablement, que la pharmacie y devienne un service sérieux, ainsi que les fonctions de l'économat. A ce prix là seulement, ils pourront gagner à nouveau le terrain qu'ils perdent dans la confiance du peuple, qui ne veut guère y aller.

Si des fonctions médicales ressortant de l'administration, nous passons à la pratique civile, je dirai que la profession médicale court aussi des dangers que les médecins peuvent et doivent conjurer, s'ils ne veulent pas que le public et eux-mêmes en soient les victimes ; je veux parler des remèdes secrets dont le nombre augmente d'une manière effrayante sous le nom de *remèdes spéciaux*.

Nous avons la féodalité INDUSTRIELLE, COMMERCIALE, FINANCIÈRE, la pharmacie prétend se mettre sur les rangs au moyen de ces préparations. Plusieurs pharmaciens ont fait des fortunes énormes, sont devenus plusieurs fois millionnaires par la grâce de vins, de sirops, de pâtes ou d'emplâtres spéciaux.

La tentation de faire fortune en peu d'années a été irrésistible, et de là les prospectus de toutes formes, de toutes couleurs qui inondent les villes, les villages et les hameaux, et qui se prélassent aussi à la quatrième page des journaux.

Toutes les associations médicales crient contre les individus qui exercent illégalement la médecine et demandent, avec raison, une répression sévère et non illusoire.

Le danger couru par les médecins, les pharmaciens, et le public surtout, est bien autrement grave. Quelques années encore, tout le monde apprendra à se traiter par le prospectus ou les annonces ; la médecine tombera dans le domaine du public, et la grande occupation des pharmaciens sera de donner avec élégance : à qui des fioles de toute dimension, de toutes formes, de toutes couleurs, ainsi que des boîtes et des paquets de formes variées, avec de mirobolantes étiquettes, bien et artistement enveloppées et ficelées.

Je ne prétends pas dire que tous ces remèdes sont sans valeur, mais j'en ai vu tant naître, briller et mourir dans ma longue carrière, qu'en outre du prix exorbitant qu'ils ont pour pouvoir payer toutes les réclames, tous les prospectus et annonces dans tous les formats, je suis persuadé que nos pharmaciens, en exécutant les ordonnances des médecins, peuvent faire aussi bien et même mieux.

A mes confrères d'aviser contre ce péril, les uns en ne les prescrivant que le plus rarement possible, les autres en n'encombrant pas leurs officines d'ennemis d'autant plus dangereux qu'ils s'annoncent sous les dehors les plus gracieux en promettant de masquer et même de détruire ce que leurs semblables peuvent avoir de désagréable sous le rapport de l'odorat ou du goût.

Si on pouvait avoir quelques doutes sur les proportions énormes et vraiment effrayantes que prend ce nouveau genre de spéculation, on n'aurait qu'à consulter le travail fait sur cette matière par M. de Lorgeril ; et que de progrès depuis l'année dernière ! Les sauterelles d'Egypte n'étaient pas plus nombreuses.

Il est donc de toute nécessité, à mon avis, de faire contrôler les services médicaux dans les hôpitaux par des médecins, de mettre en rapport leur nombre avec celui des lits, de détruire les cumuls, d'exiger des visites plus sérieuses et plus nombreuses dans les établissements hospitaliers, de ne confier la pharmacie qu'à des hommes donnant des garanties sérieuses, de défendre toute ingérence des sœurs dans la pratique médicale ou chirurgicale; ou la préparation et la vente des médicaments, d'avoir des inspections sérieuses pour les hôpitaux, les bureaux de bienfaisance ou mieux de charité, ainsi que pour les enfants assistés.

Cela sera plus honorable et plus profitable que de vouloir faire des médecins, DES ARTISTES VÉTÉRINAIRES, comme le veut une certaine école.

J'ai déjà demandé la création d'hôpitaux-hospices cantonaux en faveur des populations rurales, d'hôpitaux spéciaux, un par département, en faveur des indigents atteints de cécité curable ou de maladies graves aux yeux ; d'un hôpital spécial pour les enfants assistés ou non ; l'ouverture d'un cours d'accouchements et par suite d'un hôpital de la maternité par département.

Je ne reviendrai pas sur toutes ces questions déjà traitées dans mon travail *la Réforme dans les Hôpitaux*.

Toutes les innovations, toutes les réformes que je propose dans l'intérêt des populations et de la profession médicale, ne pourront être obtenues qu'en ayant pour base la création d'une direction générale des établissements et des institutions charitables confiée pour la plus grande partie à des médecins.

Hors de cela, nous n'aurons que des directions et des inspections frappées pour la plupart de cécité et de stérilité, et le corps médical gouverné par des coteries, ainsi que je me propose de le prouver par l'histoire des hôpitaux et des institutions charitables qui existaient il y a peu d'années encore à Rodez.

J'émettais, en 1849, l'idée de créer de nouvelles Facultés de médecine dans un but de décentralisation, et de changer celle de Paris en une haute école, dans laquelle ne seraient admis que les docteurs reçus dans une des facultés de province.

En 1871, j'adressais une pétition à l'Assemblée nationale à ce sujet, et je demandais qu'il en fût de même pour l'école de droit de Paris, afin de donner plus d'importance et même de vitalité à celles des départements.

J'en informais un éminent prélat, et j'avais l'honneur de recevoir de lui la lettre suivante :

« Monsieur,

« Sans pouvoir prévoir le sort qu'elle aura, je vous approuve
« d'avoir fait parvenir par la voie de cette pétition vos vues à
« l'Assemblée nationale. Au moment où les lois d'enseigne-
« ment sont à l'étude, il est utile que les idées des hommes
« sérieux se produisent. Il est certain qu'il y a un grand péril
« dans cette centralisation intellectuelle de Paris. Ce serait
« déjà un bien d'avoir appelé l'attention sur ce point capital.

Un projet de loi sur la liberté de l'enseignement supérieur était soumis à l'Assemblée, et Lille, Nantes, Lyon, Bordeaux, Marseille et Toulouse demandaient chacune la création d'une Faculté de médecine, offrant de subvenir en tout ou partie aux premiers frais d'établissement.

Persuadé que si les députés de ces villes et des départements limitrophes prenaient couleur dans cette grave question, qu'à eux se joignissent les partisans de la liberté de l'enseignement supérieur, la cause serait gagnée à la décentralisation, j'eus l'honneur d'écrire à plusieurs députés et de leur exposer mes vues.

Quelque temps après, j'avais l'honneur d'écrire au même évêque à ce sujet, et je recevais la lettre suivante :

« Monsieur,

« J'ai reçu tout ce que vous avez bien voulu m'adresser et
« je ne saurais assez vous remercier. Quoique très-incompé-
« tent, je ferai tout ce qui dépendra de moi pour profiter de
« vos renseignements et de vos vues si éclairées et si utiles. »

Deux nouvelles Facultés furent créées, une à Lyon, l'autre à Bordeaux, et les demandes des autres villes furent sinon définitivement écartées, du moins ajournées. Depuis cette époque, Lille, Marseille et Toulouse ont demandé à faire tous les frais d'établissement, d'organisation et d'entretien, et toutes ces demandes ont été accueillies favorablement.

Voilà donc trois nouvelles villes ayant une Faculté de médecine à leur charge, celles de Lyon et de Bordeaux organisées aux frais de l'Etat.

Ces villes auront plusieurs millions de dépenses à faire pour les installer convenablement et des centaines de mille francs tous les ans pour équilibrer les recettes avec les dépenses; car il ne faut pas oublier qu'avec la centralisation qui nous dévore, pendant que Paris aura trois ou quatre mille étudiants, toutes les autres Facultés de médecine, tant anciennes que nouvelles, n'en compteront que quelques centaines chacune, de sorte qu'à part l'émulation qui fera plus tard place au découragement, les dépenses faites et à faire tous les ans seront en pure perte et grèveront d'autant les budgets de ces villes.

C'est l'opinion que partagèrent plusieurs députés appartenant à la gauche de l'Assemblée nationale et qu'ils me manifestèrent par lettres, regrettant que ma pétition eût été mise aux oubliettes, moyen fort commode pour se débarrasser des pétitions qui pourraient devenir gênantes.

Après le vote sur la liberté de l'enseignement supérieur et la collation des grades par des commissions mixtes, il eut été à désirer que l'on demandât à l'Etat deux des écoles secondaires de médecine sur les vingt qui existent encore en France, après en avoir distrait Lyon et Bordeaux, pour ouvrir deux Facultés libres et de cet oubli un embarras dont on ne pourra sortir que très-difficilement.

On conçoit la création des Facultés de droit, de lettres, de sciences dans des villes de troisième et quatrième ordre, mais il n'en est pas de même pour une Faculté de médecine.

Il faut, dans ce cas, des amphithéâtres, des laboratoires, un jardin de botanique, et surtout de vastes et nombreux hôpitaux, autant pour l'étude de l'anatomie que pour les cliniques médicale et chirurgicale.

Il n'y a donc que des villes d'une population de cent mille âmes au moins qui puissent fournir tous ces éléments, à moins de circonstances particulières.

L'Université ayant créé une école secondaire de médecine dans toutes ces villes et dans plusieurs qui ont une population bien moindre, écoles dont elle ne cédera pas une seule, quel moyen aura-t-on d'ouvrir des facultés libres ?

Les hôpitaux sont pour la plupart en rapport avec les besoins des villes. En créera-t-on de nouveaux? Mais on entrera dans la voie de dépenses énormes ; il ne suffit pas d'ailleurs d'avoir des lits à la disposition des malades, mais il faut des malades qui au moyen *des secours à domicile* deviendront de plus en plus moins nombreux.

Si cet oubli n'avait pas eu lieu, si ces demandes avaient été accordées, Lille et Toulouse, l'une au nord, l'autre au midi, seraient devenues deux universités catholiques florissantes par le mérite des professeurs et par le nombre des étudiants en droit, en médecine et en sciences.

En voulant multiplier les facultés, on n'aura que des médiocrités ; les moyens d'instruction manqueront, les étudiants feront défaut. Dès lors, plus d'émulation de la part des maîtres et des élèves pour aboutir à un triomphe de la centralisation plus assurée que jamais.

Dans l'état des choses, je ne vois pour le moment qu'une seule ville en France qui puisse lutter avec de grandes chances, je veux parler de SAINT-ETIENNE.

Cette ville, ayant une population de 140,000 âmes, centre d'immenses exploitations qui de leur nature doivent amener des accidents et des maladies nombreuses de tout genre, n'ayant pas d'école secondaire et par suite d'attaches universitaires, me paraît seule pouvoir atteindre le but que l'on se propose.

Les vastes et nombreux hôpitaux dont Saint-Etienne peut disposer, les sacrifices que cette ville s'imposerait pour s'agrandir, sous tous les rapports, en devenant un centre d'instruction, son école de mines qui pourrait, en la complétant, devenir une faculté des sciences d'autant plus remarquable qu'elle joue déjà un grand rôle dans le monde scientifique; que de motifs pour faire converger tous les efforts des personnes qui désirent une université catholique florissante et durable.

La création d'une école de médecine, où les parents soucieux de l'âme de leurs enfants et de l'avenir de la société puissent les envoyer en toute sécurité, est on ne peut plus urgente. A l'épiscopat et aux catholiques qui redoutent l'athéisme et le matérialisme qui effondreraient le monde, d'aviser le port que j'indique.

HISTOIRE DES ÉTABLISSEMENTS
ET DES INSTITUTIONS CHARITABLES

QUI EXISTAIENT IL Y A QUELQUES ANNÉES A RODEZ.

Quæque ipse miserrima vidi
et quorum pars magna fui.

Les institutions humaines, même celles qui paraissent d'autant plus viables qu'elles répondent à des besoins nouveaux ou longtemps méconnus, sont sujettes à bien des vicissitudes.

On conçoit leur disparition au début, alors qu'elles ont des obstacles de tout genre à surmonter, les uns provenant de difficultés matérielles, d'autres comme ne produisant pas des résultats en rapport avec les dépenses, ou ce que l'on se croyait en droit d'espérer, la pratique ne confirmant point les théories qui leur avaient donné naissance.

Il n'en est pas de même quand ces institutions, saluées à leur apparition par des éloges à peu près unanimes, donnent des résultats avantageux au-delà de toutes les prévisions, qu'elles opèrent un bien incontestable avec des ressources très-limitées, que tous les obstacles paraissent être surmontés, et qu'elles sont en pleine voie de prospérité et reçoivent de toute part des preuves non équivoques de confiance et de satisfaction.

Dans ce dernier cas, il importe de produire au grand jour les moyens détournés mis en œuvre pour amoindrir ces institutions, les manœuvres déloyales employées pour en dénaturer le caractère et arriver à leur disparition avec le concours de personnes trompées et agissant de bonne foi, ou d'autres auxquelles les sentiments honorables sont inconnus.

Tel est le but que je me suis proposé en publiant cet

ouvrage, dans lequel je lèverai bien des masques, en dévoilant des turpitudes qu'on a voulu faire passer comme le produit de l'amour du bien public.

L'étude des questions qui se rattachent à l'économie sociale, politique et charitable a eu pour moi de tout temps beaucoup d'attrait.

Je n'ai oublié que trop souvent peut-être ce que disait un poète ancien de celui qui le premier se confia sur un faible navire à la fureur des flots, et qui est si applicable à tous ceux qui ont le courage d'affronter la sottise et la méchanceté humaines pour s'occuper spécialement des intérêts généraux de la société.

Ainsi pour ce qui me concerne.

A l'occasion du projet de loi sur la profession médicale, en 1847, qui, au moyen des *médecins cantonaux*, voulait nous changer en fonctionnaires publics, dont l'existence aurait dépendu de l'administration, je protestai contre cette mesure et je demandais, dans l'intérêt des indigents de nos communes rurales, la création d'hôpitaux-hospices cantonaux pour leur venir en aide et enrayer l'émigration rurale, disant avec M. de Melun : « Ceux qui portent le poids le plus lourd du jour et « de la chaleur, à qui, après Dieu, nous devons notre pain « quotidien, ont droit à toute la vivacité, à toutes les recher- « ches de notre compassion. Il est juste que, malades et sans « ressources, ils trouvent généreuse et hospitalière la terre « qu'en santé ils fécondent de leurs sueurs. »

Je ne reviendrai pas sur ce que j'ai dit dans mon ouvrage *Réformes dans les hôpitaux*, sur l'utilité de ces établissements, ni sur les moyens de les créer.

Je dirai seulement qu'à toutes les approbations que j'ai reçues, depuis 1846 jusqu'à ce jour, je peux joindre un document qu'on ne lira pas sans intérêt.

A la date du 23 mai 1858, M. Baragnon, préfet de l'Aveyron, m'écrivait :

« Monsieur,

« Je ne perds pas de vue l'œuvre éminemment utile et « chrétienne à laquelle vous vous intéressez, et j'ai reçu avec

« intérêt les diverses communications que vous avez bien « voulu me faire à cet égard.

« Je prendrai à Laguiole l'initiative, soit auprès de M. le « maire, soit auprès des bonnes sœurs qui seraient disposées « à prêter leur concours à cette œuvre, dont je serais heureux « moi-même d'assurer le succès. »

Si le département avait eu le bonheur de conserver ce magistrat jusqu'à sa retraite, nous aurions déjà six hôpitaux-hospices cantonaux nouveaux et les autres auraient été transformés de manière à les rendre plus profitables aux habitants pauvres des campagnes.

L'idée de créer des établissements de ce genre a fait du chemin et nous voyons dans des journaux de Paris que le Conseil général de la Seine a adopté le projet, que soixante-onze communes de la banlieue ont voté en principe une somme considérable, et que leur création prochaine est assurée.

J'en dirai autant pour l'Aveyron, dont le Conseil général a adopté, en 1872, la proposition de M. Briguiboul, un de ses membres, malgré l'opposition de M. le docteur Séguret.

En 1848, je publiais un article pour demander la suppression des bagnes et la déportation des galériens à Cayenne.

La *Gazette de France*, l'*Opinion publique* et plusieurs journaux de province reproduisirent en tout ou en partie cet article, qui ne fut pas étranger peut-être à la décision prise en 1850 par le président de la République.

A peu près à la même époque, je publiais un travail sur les maisons centrales et de détention, et les avantages d'appliquer les condamnés à des travaux d'utilité publique, au lieu d'en faire des ouvriers.

Propagation de la vaccine dans l'Aveyron.

En 1850, je publiais plusieurs articles sur la nécessité de la division des services médicaux dépendant de l'administration et sur les moyens de propager la vaccine.

Mon travail n'eut pas de résultat; mais, en 1853, à l'occasion d'une épidémie de petite vérole qui faisait beaucoup de victimes dans plusieurs cantons du département, et en particulier dans celui de Rinhac, M. le préfet Rampand me demanda si je ne connaissais pas de moyen de propager la vaccine, tous les sacrifices que s'était imposés le département n'ayant abouti qu'à obtenir 11 p. o/o sur le nombre des naissances.

Je crois devoir entrer dans quelques détails sur ce qui se passait alors dans l'Aveyron et peut-être aussi dans toute la France.

La découverte de la vaccine fut acclamée dans les premières années de ce siècle. Tout le monde voulait être vacciné, et les médecins appelés dans les villes, un peu plus tard dans toutes les paroisses, recevaient des honoraires de ceux qui se présentaient. Cet état de choses, peu dispendieux pour les uns (les indigents mis de côté) et rémunérateur pour les autres, laissait peu à désirer et la vaccination devenait générale (1), quand, dans une bonne intention sans doute, le gouvernement créa des primes en faveur des médecins qui feraient le plus grand nombre de vaccinations. Dès ce moment, les populations rurales crurent qu'au lieu d'être redevables aux médecins elles avaient des droits à leur reconnaissance, et le chiffre des vaccinations alla en diminuant. Quelques médecins de campagne continuèrent; mais la difficulté de se procurer du virus vaccin, la perte réelle qu'ils auraient éprouvée en allant donner la vaccine dans les communes éloignées la leur firent abandonner. Quelques médecins des villes, la plupart

(1) D'après un rapport général fait au préfet de l'Aveyron par M. le docteur Sarrois, le chiffre des vaccinations s'éleva, en 1812, au chiffre de 31,364.

ayant des fonctions salariées, n'avaient qu'à faire prévenir, au moyen du tambour, du jour où ils donneraient la vaccine en mai ou juin et septembre, pour avoir un nombre de vaccinations égal à celui de deux cantons réunis, et être sûrs d'obtenir tous les ans la médaille d'or ou d'argent donnée par le Conseil général.

La mortalité effrayante d'enfants et de personnes de tout âge et de tout sexe pendant les épidémies de variole qui se renouvelaient de temps à autre, le nombre de malheureux frappés de cécité variolique qui, d'après Caron de Villars, était dans la proportion de 35 p. o/o parmi les aveugles de tout genre, d'après M. Dumont, médecin en chef de l'hospice des Quinze-Vingts, sur 888 aveugles décédés, était de 159 par suite de la variole et 225 par suite d'ophtalmie purulente des nouveaux-nés.

D'après un relevé de statistique, l'Aveyron comptait, en 1856, 416 aveugles curables ou incurables, 60 à 70 cataractés, 150 par suite d'ophtalmies purulentes ou autres, 70 étaient incurables par suite de la variole. Le nombre des borgnes s'élevait à 786, la plupart exposés à devenir aveugles par suite de l'affection primitive.

Pénétré de la nécessité de prévenir une cause de morts nombreuses, de cécités ou d'autres infirmités, j'émettais, en 1850, l'idée de n'admettre au concours pour l'obtention des cinq médailles en argent ou une des primes de 100 francs, une par arrondissement, qui devaient plus tard être portées à 1,000 francs, que des médecins de nos communes rurales; et dès lors il suffisait, pour espérer d'en obtenir une, de vacciner les enfants de trois ou quatre communes.

Mon idée, soumise au Conseil général par M. Rampand, eut son approbation; le chiffre de 500 francs fut maintenu et le nombre des vaccinations, qui était descendu à 11 p. o/o, s'éleva la première année à 29, la deuxième année à 53, la troisième année à 77 p. o/o, c'est-à-dire de 2,900 à près de 10,000.

Un médecin de Rodez recevait annuellement une somme de 100 francs pour conserver et fournir à ses confrères de virus vaccin dont ils auraient besoin.

Nous vîmes dès lors bon nombre de médecins recevoir une ou plusieurs fois des médailles en or ou en argent en récompense de leur zèle (1).

Les résultats avantageux pour les populations rurales et pour mes confrères obtenus dans l'Aveyron en peu d'années me donnèrent l'idée d'adresser, en 1865, un mémoire à la *Société de Statistique de Paris*, sous le titre : *De la Vaccination et de sa propagation dans le département de l'Aveyron.*

On lisait, quelques mois après, dans le journal la *Patrie :*

« Un certain nombre de préfets viennent de prendre une « mesure très-utile pour la propagation de la vaccine en « France. Ils ont décidé que les primes accordées par les « Conseils généraux pour encourager le zèle des vaccinateurs « seraient inclusivement réservées aux médecins des cam- « pagnes.

« Cette mesure a été prise depuis longtemps dans l'Avey- « ron, où elle a élevé, en quelques années, le nombre des « vaccinations de 2,900 à près de 10,000. En présence de « pareils résultats, le conseil d'hygiène et de salubrité a été « d'avis que tous les préfets doivent être prochainement invi- « tés à suivre cet exemple dans leurs départements. »

Ils le furent par une circulaire du ministre de l'agriculture et des travaux publics.

Un peu plus tard, la décoration de la Légion-d'Honneur était accordée à un médecin, *surtout comme propagateur de la vaccine dans l'Aveyron*, sur la proposition de ce même ministre.

Froissé par ce procédé, je m'en plaignais à mon collègue, chef de division au ministère de l'agriculture.

Peu de jours après, le 5 novembre 1866, je recevais de lui la lettre suivante :

« L'affaire de la décoration m'est parfaitement inconnue. « Quant au ministre, vous pouvez être certain qu'il n'en a

(1) Je n'ai pas été peu étonné d'apprendre que les médailles en or, en argent ou en bronze, ne coûtaient en moyenne que 160 francs, et je me demande que devenaient les 340 francs restant de cette subvention.

« pas eu l'initiative. C'est le préfet qui a demandé cette croix
« et très-probablement par des considérations dans lesquelles
« la politique joue le principal rôle. Consolez-vous donc à ce
« point de vue et ne voyez pas, dans cette distinction accor-
« dée à un confrère, une négation indirecte de vos titres à
« l'estime de l'administration et du monde savant. »

Si le mode de propagation de la vaccine inauguré dans l'Aveyron avait été mis en usage dans toute la France, bien des milliers de victimes de l'épidémie de variole qui sévit en 1870 et 1871 n'auraient pas augmenté celles de nos désastres.

Ce moyen est à peu près abandonné, car le nombre des vaccinations, de 10,000 environ en 1858, était descendu en 1865 à 1,962; en 1867, à 2,468; en 1868, à 1,821; en 1871, par suite des ravages exercés, le chiffre des vaccinations s'élevait à 5,000, pour redescendre, en 1872, à 3,787. A partir de cette année, les primes, qui avaient été de 500 francs, furent réduites à 200 francs, et, en 1874, on ne comptait que 2,092 vaccinations.

Ce qui me prouve que la vaccination est descendue bien bas, c'est ce que je lis dans le rapport de M. le docteur Segurel, fait au nom du Conseil général de l'Aveyron *à la commission d'enquête parlementaire sur l'organisation de l'assistance publique dans les campagnes*, page 188.

Ce médecin, *secrétaire de l'association médicale*, au lieu du mode de propagation qui avait été si avantageux, demande que le prix des vaccinations *réussies* sur les enfants portés sur la liste des indigents soit fixé à 50 centimes. Comme il faudra une seconde visite pour voir si la vaccination a *réussi*, le taux des honoraires descendra à cinq sous, l'enfant à visiter fût-il à un ou plusieurs kilomètres.

Je ne me permettrai qu'une réflexion : *le médecin fait la charité, mais ne la demande ni ne l'accepte pas.*

Asile Saint-Cyrice.

On connaissait à Rodez, il y a peu d'années encore, sous ce nom, un hôpital *créé en faveur des indigents atteints de cécité curable ou de maladies graves aux yeux.*

Bien que son existence ait été de très-courte durée, on ne trouvera pas mauvais que j'entre dans quelques détails sur le bien qu'il fit et surtout sur celui qu'il était appelé à opérer en tarissant une grande cause de paupérisme.

Je regrettais depuis longtemps de n'avoir aucun moyen de venir en aide aux malheureux atteints de ce genre d'infirmité et de ne pouvoir que leur donner des conseils dont souvent ils ne pouvaient profiter faute de ressources pour se procurer les remèdes ou rester à Rodez pour se faire opérer, quand, en 1853, je vis un mendiant cataracté, jeune encore, accompagné de l'un de ses quatre enfants qu'il n'avait jamais vus, les autres mendiant avec leur mère.

Ému en voyant une position si triste, je m'adressai à M. Rampand, préfet de l'Aveyron, et j'obtins un secours pour subvenir en partie à son entretien.

Souyry ayant recouvré la vue réunit ses enfants et alla demander du travail à Decazeville. Au bout de quelques années, il eut ramassé un petit pécule et il se retira au village de Limayrac où il vit en cultivant un bien qu'il a acheté.

Je pourrais citer l'exemple de bon nombre d'autres cataractés ou d'autres personnes atteintes d'affections oculaires graves réduites à la mendicité et qui purent reprendre leurs travaux.

En 1854, M. Sencier, nouveau préfet, chercha à créer des médecins cantonaux en faisant des circonscriptions médicales. Je refusai d'en faire partie, offrant toutefois de me charger gratuitement des indigents atteints de cécité curable ou de maladies graves aux yeux.

Ma proposition fut acceptée, et des secours furent accordés, sur ma demande, à vingt personnes la plupart cataractées.

Dans le courant de l'année 1855, je soumettais à M. le Préfet le projet d'un établissement spécial, pensant qu'il serait moins onéreux, plus profitable et moins éphémère.

Peu de jours après, je recevais la lettre suivante :

« ..... Quant au projet d'établissement spécial que vous « m'avez soumis, bien qu'à la première vue il m'ait paru « sagement conçu, le défaut de crédit au budget ne me per- « met pas de songer à le réaliser. Mais, j'ai lieu d'espérer que « j'arriverai aux mêmes résultats par une autre combinaison, « si les démarches que je fais dans ce but obtiennent le succès « que j'en attends, et je vous en informerai. »

Son projet n'ayant pu aboutir, M. Sencier revenait à l'idée de créer un établissement spécial, et par ses lettres des 21 mars, 3, 16, 24 avril, 7 et 11 juin, il répondait aux communications que j'avais l'honneur de lui faire au sujet de notre établissement projeté.

Je surmontai enfin toutes les difficultés, M. Sencier approuvait, et dans la session de 1855 ce projet, soumis au Conseil général, était accueilli favorablement.

Le 23 octobre M. le préfet me faisait l'honneur de me communiquer le projet de circulaire et d'arrêté, m'invitait à l'examiner et à lui proposer toutes les modifications que je jugerais nécessaires.

Le 21 novembre, une circulaire ayant trait aux conditions stipulées entre la supérieure du couvent Saint-Cyrice et M. le préfet, était publiée ; il en était de même d'un arrêté concernant les conditions d'admission.

D'après la circulaire, l'entretien de chaque malade était fixé à un franc par jour. Quant au mobilier, madame la supérieure recevait une somme de 300 fr., une fois payée, pour les quatre lits à fournir.

Le 1er janvier 1856 cet établissement, auquel fut donné le nom d'*asile Saint-Cyrice*, s'ouvrit dans un modeste pavillon du couvent, à titre d'*essai*.

M. l'abbé Daras m'écrivait de Saint-Médard-les-Soissons, le 21 avril 1856 ;

« Monsieur, je viens de publier dans *le Bienfaiteur des « Aveugles*, revue mensuelle, que j'ai fondée en 1853, une

« notice sur l'institut ophthalmitique de Rodez. Je serai « heureux, très-heureux d'entrer en rapport avec vous, et de « vous compter même au nombre des collaborateurs de cette « revue. Le créateur du premier institut ophthalmique de « France accueillera, je l'espère, une demande qui doit con- « tribuer à propager le bienfait des soins qu'il a si généreuse- « ment et si noblement inaugurés dans notre belle patrie. »

En juillet, je recevais de M. le préfet la lettre suivante :

« Monsieur, le Conseil général se réunira prochainement, « et je désire l'entretenir de la situation de l'intéressant *asile* « *Saint-Cyrice ;* je vous prie, en conséquence, de m'adres- « ser, dans le plus bref délai possible, un rapport détaillé à « ce sujet. Vous me ferez connaître le nombre des malades « qui ont reçu des soins depuis l'ouverture de l'établissement, « les guérisons obtenues, enfin les améliorations qu'il vous « paraîtrait à propos d'introduire dans l'établissement. »

M. Martin d'Oisy, inspecteur général des hôpitaux et des établissements de bienfaisance, envoyé à Rodez pour les visiter, me demandait des renseignements sur l'organisation de cet hôpital spécial. Plusieurs questions ayant trait à l'économie charitable étaient agitées, et il voulait bien me demander communication de mes travaux.

Quelque temps après, il m'écrivait :

« Monsieur le docteur...., je me suis empressé d'utiliser « pour mes études théoriques les excellents matériaux que « vous avez bien voulu m'envoyer, je les ai classés dans le « manuscrit de mon *Dictionnaire d'économie charitable.*

« J'ai célébré de mon mieux, dans mon rapport au Ministre « sur les fondations de Rodez les merveilleux résultats de « votre asile d'aveugles curables. Je regrette comme vous « qu'on ne donne pas d'extension à une œuvre qui mérite « tant d'être encouragée. » (Lettre du 1er novembre 1856.)

Sur son invitation si gracieuse, j'avais l'honneur de lui adresser d'autres mémoires, et je recevais de lui la lettre suivante :

« Monsieur le docteur, je ne dois pas vous laisser croire « que les cinq articles que vous m'avez envoyés ont été « égarés ou dédaignés. J'y ai retrouvé l'excellent esprit, « l'esprit pratique et l'ardeur du zèle qui vous caractérisent.

« J'ai été dérangé depuis que j'ai pris la plume pour vous « répondre ; mais j'en ai dit assez pour que vous soyez con- « vaincu que je me suis nourri de vos excellentes études « d'économie charitable. Je sais maintenant sur quelle vaste « échelle elles se sont développées. Recevez donc, Monsieur « et cher confrère en charité théorique et pratique, la nou- « velle assurance de ma haute considération. » (Lettre du 16 novembre 1857.)

On lit dans le tome IV du *Dictionnaire d'économie charitable* publié par M. Martin d'Oisy en 1857, édité par Migne, page 1212 :

« *Maison de curation d'aveugles de Rodez.* — Rodez « possède un établissement qui n'a pas d'analogue en France, « que nous sachions.... »

M. Léon Sencier disait dans son rapport au Conseil général, en 1856 :

« Cette nouvelle institution s'est acquis des droits à votre « sollicitude par les résultats si satisfaisants qu'elle a déjà « donnés. Vous en jugerez par le rapport plein d'intérêt que « m'a adressé M. le docteur Viallet, et que j'ai fait déposer « sur votre bureau.

« J'aurais bien désiré pouvoir augmenter le crédit affecté « aux dépenses de cette institution naissante, mais l'insuffi- « sance des ressources ne me l'a pas permis. »

De son côté, le rapporteur de la Commission du Conseil général disait :

« Nous nous proposons de voter le crédit de 800 fr. pour « assurer le service de cet établissement, qui mérite tout notre « intérêt en faveur des nombreux malades qu'il reçoit et toute « notre reconnaissance en faveur du médecin habile qui les « soigne avec autant de dévouement que de succès. »

En 1857, nouvelle demande officielle d'un rapport.

M. Baragnon, nouveau préfet, disait, au sujet de l'asile Saint-Cyrice :

Je vous propose, messieurs, de porter à 2000 fr. l'allocation « affectée au traitement des aveugles curables indigents et « qui est réellement insuffisante, car elle ne s'élève qu'à « 800 fr. Cette institution s'est acquis des droits à votre solli- « citude par les résultats si satisfaisants qu'elle a donnés. « Vous verrez que depuis l'époque de l'ouverture de l'asile, « qui remonte à deux ans, M. Viallet a opéré ou traité soixante- « un malades, et qu'il a eu le bonheur de rendre ou de con- « server la vue à cinquante-deux. Ce sont tout autant de « personnes, souvent même de familles entières, enlevées « à la misère et à la mendicité. »

Le rapporteur de la Commission disait de son côté :

« Il est juste de constater que, grâce au zèle et au dévoue- « ment des sœurs qui desservent cet asile et à la bonne « *direction* que lui a donnée M. le docteur Viallet, *on a beau-* « *coup fait avec bien peu de chose* et dans des conditions « peu favorables au traitement de ce genre de maladies.

« Votre commission, persuadée que l'asile dont il s'agit « est destiné à prendre définitivement rang parmi les établis- « sements charitables de l'Aveyron, vous propose de voter la « subvention demandée. »

La commission des finances proposait, dans cette même session, de voter une somme de 200 fr. pour donner une médaille d'or à M. le docteur Viallet, *directeur* de l'asile Saint-Cyrice. Le Conseil général approuvait, ainsi que M. le préfet, et la médaille porte ces mots : *Asile Saint-Cyrice, M. Viallet, médecin, en récompense de son zèle et de son dévouement.*

En 1857, un congrès international d'opthalmologie se tenait à Bruxelles sous la présidence de M. Fallot, médecin en chef de l'armée et président de l'académie royale de médecine de Belgique. Cent cinquante-neuf médecins et chirurgiens, appartenant à tous les Etats de l'Europe, voire même du Nouveau-Monde, s'y étaient réunis. Là étaient des médecins et des

3

chirurgiens de la plupart des souverains, les uns venus d'eux-mêmes, d'autres délégués par leurs gouvernements, les uns professeurs de facultés de médecine, les autres directeurs des hôpitaux spéciaux d'opthalmologie qui existent dans presque tous les états de l'Europe et de l'Amérique. La France y était représentée par MM. Demarres, Furnari, Sichel, Serres d'Alais ; MM. Lévy et Laveran, délégués par le gouvernement français.

Parmi les questions soulevées était celle-ci : 1° *Est-il utile qu'il existe des établissements spéciaux pour le traitement des maladies oculaires ?* 2° *Dans l'affirmative, quelles sont les conditions qu'ils doivent réaliser ?*.

Ces deux questions étaient résolues à l'unanimité de ces *cent cinquante-neuf médecins*, qui émettaient le vœu qu'une chaire d'opthalmologie fût créée dans toutes les facultés de médecine, qu'un hôpital spécial fût ouvert dans toutes les provinces, comme cela existe en Belgique, en Angleterre, en Italie, en Allemagne et en Russie.

Celui que j'avais créé à Rodez depuis deux ans, avec le concours de MM. Sencier, Baragnon et du Conseil général, réunissait déjà toutes les conditions voulues par le congrès (1).

Depuis 1855, j'avais exercé mes fonctions de médecin gratuitement (2) ; j'avais eu à me fournir d'instruments pour quelques cas particuliers qui s'étaient présentés, j'avais dû me mettre en rapport avec M. Boissonneau père, l'oculariste le plus distingué et le plus connu en Europe, pour obtenir de lui un œil artificiel en faveur d'un des malades de l'asile. Une collection d'yeux était mise à ma disposition avec une générosité que je me plais à proclamer.

Je ne m'étais préoccupé que de fournir cet établissement d'un mobilier en rapport avec ses besoins qui allaient tous les

(1) Voir *Congrès d'ophthalmologie de Bruxelles*, compte-rendu au nom du bureau par le docteur Warlomont, vol. in-8°, Paris, 1858.

(2) Non pas à la manière de ceux qui se font investir de places essentiellement gratuites, mais qui trouvent le moyen de les rendre si productives par les pots de vin, marchés occultes, les jeux de bascule et autres, qu'elles seraient un moyen de battre grandement monnaie et de faire fortune si le tonneau des DANAÏDES n'existait pas toujours.

jours en augmentant à cause du nombre toujours croissant des malades, et à nous procurer une collection d'instruments spéciaux que je mettais, sous ma responsabilité, à la disposition de mes confrères.

En 1859, le Conseil général jugea convenable de m'attribuer un traitement de 300 fr., et une commission de surveillance était créée pour s'assurer si les malades étaient convenablement soignés, chauffés, nourris et entretenus, s'ils étaient inscrits au fur et à mesure de leur admission. Elle était chargée, en outre, de veiller à la conservation du mobilier de l'établissement et d'adresser tous les ans un rapport au préfet sur la situation de l'asile, et de lui signaler les abus à réprimer et les améliorations possibles.

M. Demonts, nouveau préfet, me demandait un rapport officiel et disait au Conseil général :

« Selon le vœu que vous avez exprimé l'année dernière, « une commission de surveillance a été instituée près de l'asile « Saint-Cyrice. Elle m'a adressé un rapport que je dépose sur « votre bureau avec celui que j'ai reçu de M. le docteur Viallet, « médecin de l'établissement. Vous y verrez que les malades « qui y sont admis sont entourés de tous les soins que leur état « réclame, et que cet asile continue à rendre de grands services. « Ce ne sont pas les seuls bons effets à constater. La petite « pharmacie créée d'après votre autorisation a permis de poser « les bases d'un *dispensaire* et de distribuer quelques remèdes « à des malheureux qui n'étaient pas en position d'être reçus à « l'asile. »

Le rapporteur de la commission des intérêts généraux disait :

« L'asile Saint-Cyrice continue à rendre les plus grands « services aux pauvres atteints de diverses maladies des « yeux.

« Vous n'avez pas perdu de vue que vous autorisâtes la « création d'une petite pharmacie au profit de l'asile. Cette « création, complément nécessaire à l'établissement, M. le « docteur Viallet a trouvé le moyen de la rendre profitable à

« quelques malheureux qui ne pouvaient être admis à l'asile,
« étaient néanmoins dans un état à ne pouvoir se passer de
« soins. Cette circonstance a justifié de plus en plus, aux yeux
« de votre commission, la création utile que vous aviez auto-
« risée et le bon emploi de votre subvention.

« Elle vous prie de consigner ici le témoignage de votre
« satisfaction pour les services signalés que rend aux malheu-
« reux cet établissement, et dont les succès font réellement
« honneur à l'homme habile qui le *dirige.* »

En 1860 je publiai mon rapport *au Préfet et au Conseil général sur les institutions charitables créées dans l'Aveyron en ces derniers temps avec leur concours.*

Après l'avoir soumis à M. Demonts, notre nouveau préfet, j'en adressai un exemplaire à tous les membres du Conseil général et à la direction de la *Revue d'économie chrétienne*, dont j'étais correspondant.

Voici en quels termes s'exprimait M. le vicomte de Melun dans le compte-rendu qui parut dans ce journal en janvier 1861.

Après avoir parlé des rapports sérieux et étudiés qui avaient été présentés à la plupart des Conseils généraux, l'éminent économiste disait :

« Parmi ces rapports, celui que M. Viallet, médecin de l'asile
« Saint-Cyrice et un des correspondants de la Société d'éco-
« nomie charitable, a adressé au préfet et au Conseil général
« de l'Aveyron, mérite de fixer l'attention. M. Viallet ne traite
« dans son rapport que des institutions charitables nouvelle-
« ment créées ou à créer dans ce département, et ses obser-
« vations ne portent que sur deux établissements déjà exis-
« tants : l'asile Saint-Cyrice et une salle de la maternité, et sur
« deux œuvres : celles des bains de mer et des sœurs garde-
« malades. Mais ces fondations, auxquelles il a mis la main ou
« qu'il dirige, doivent profiter à toutes les communes et venir
« en aide au pauvre des campagnes comme à celui des villes.

« Le rapport de M. Viallet ne se contente pas d'exposer le
« bien déjà fait, il insiste sur la nécessité de créer des hôpitaux-
« hospices cantonaux.

« En exposant ainsi les services que peuvent rendre aux « campagnes de l'Aveyron ces établissements, M. Viallet ne « parle pas seulement pour son département. Cette partie de « son rapport s'adresse à toute la France et mérite d'être « signalée à tous les Conseils généraux. L'on ne saurait trop « applaudir aux hommes de science et de dévouement qui, « sans se laisser arrêter par les objections et par l'indifférence, « plus difficiles à combattre que l'hostilité, prennent l'initia- « tive des bonnes idées, cherchent à inspirer le goût des insti- « tutions utiles et charitables, et, ce qui est plus rare encore, « parlant autant au nom de leur expérience que de leur bonne « volonté, peuvent invoquer le bien qu'ils ont fait pour donner « confiance en celui qu'ils proposent de faire et en démontrant « l'importance et l'opportunité d'une œuvre, indiquent à tous « ceux qu'ils persuadent les moyens de la réaliser.

J'adressai un exemplaire de mon rapport à M. Baragnon et je recevais de lui la lettre suivante :

« Tulle, 17 novembre 1860.

« Monsieur, il y a déjà longtemps que je voulais vous « remercier de la brochure dont vous avez bien voulu me « faire hommage. Des soins divers et plusieurs voyages m'ont « détourné de cette pensée. Plus tranquille aujourd'hui, je « tiens à vous exprimer ma gratitude pour les intentions bien- « veillantes qui ont dicté plus d'un passage de votre brochure « qui ne m'ont pas échappé. J'ai reconnu à chaque page le « zèle dont vous avez fait preuve sous mon administration « pour toutes les œuvres d'intérêt public.

« Je n'ai pas fait dans l'Aveyron autant de bien que j'aurais « voulu en faire ; mais je n'en conserve pas moins un souvenir « reconnaissant à toutes les personnes qui, comme vous, « avaient à cœur de seconder mes bonnes intentions. »

Nous avons vu l'asile Saint-Cyrice se constituer, s'organiser sous ma direction. Des preuves non équivoques de satisfaction m'ont été données par les préfets et les conseils généraux ; un inspecteur général et un économiste distingué ont bien voulu en faire l'éloge, et M. le Ministre de l'intérieur a accordé à l'asile Saint-Cyrice une gratification de 200 fr. que, sur l'avis qui m'était demandé, j'ai fait employer à l'acquisition de trois nouveaux lits.

Tout donne à penser que son existence est assurée, que cet hôpital, le premier de ce genre qui ait été créé en France, n'a rien à craindre, que M. Demonts lui continuera le concours de ses prédécesseurs. Il n'en est rien, cependant, et c'est ce préfet qui parle sans cesse de ses études et de ses idées particulières sur l'économie charitable qui lui portera le premier coup, ainsi qu'aux autres institutions charitables dont il sera question.

J'avais obtenu de la supérieure générale, résidant à Cruéjouls, maison-mère, que l'asile serait agrandi, et une construction nouvelle nous donnait une salle pour les hommes, une autre pour les femmes et les moyens d'avoir dix lits convenablement espacés, et au-dessus des deux salles quatre chambres à donner aux malades payants, ainsi qu'un jardin à une belle exposition ; telles étaient les améliorations réalisées en peu d'années.

Comme les rapports des préfets et des conseils généraux seront toujours les mêmes, je me dispense de les donner, me réservant de relever ce qu'il y a d'insolite ou de particulier.

Je renvoie, pour de plus amples détails à mon ouvrage sur *la Réforme dans les Hôpitaux*, qui est précédé d'une notice sur l'asile Saint-Cyrice jusqu'au jour de ma révocation.

Nous avons vu que M. Demonts et la commission des intérêts généraux ont applaudi à la création d'un *dispensaire gratuit* qui allait augmenter mes charges mais compléter ce nouvel hôpital.

Trois mois après, je prie ce magistrat de faire annoncer, par la voie du *Moniteur de l'Aveyron*, l'ouverture du dispensaire le mercredi et le samedi de chaque semaine.

Il m'est répondu que c'est par *tolérance* de l'administration que j'ai pu distribuer quelques remèdes, que s'il en a parlé au Conseil général ce n'a été qu'à titre de renseignement, et le dispensaire a cessé d'exister.

En janvier 1861, il se plaint de la dépense de la pharmacie et veut que je limite mes prescriptions au plus strict nécessaire, alors que ses prédécesseurs *avaient été surpris qu'avec une subvention si modique j'eusse pu faire tant de bien* et que les dépenses n'avaient pas augmenté.

En 1861, dans son rapport au Conseil général, M. Demonts fait entrevoir qu'il a nommé la supérieure du couvent *directrice de l'asile.*

Le complaisant rapporteur de la commission a été informé sans doute de la décision préfectorale et dit, en parlant de mes succès obtenus : *Que ces heureux résultats sont dus au zèle et au dévouement des sœurs qui dirigent cet établissement.*

Idée vraiment lumineuse, d'après laquelle ce ne seront plus les médecins qui guériront les malades, mais bien les sœurs infirmières ; les avocats ne gagneront plus les procès, mais bien le greffier ou peut-être même l'huissier audiencier.

En 1862, nous arrive M. Boby de la Chapelle, et peu de jours après la *directrice* nommée par Demonts se présente chez moi et me demande des notes pour faire, dit-elle, un rapport à M. le Ministre de l'intérieur sur l'asile Saint-Cyrice (1).

Je refuse et j'écris pour me plaindre à M. le préfet, qui prétend que les supérieures des hôpitaux sont directrices, que c'est à elle et non à moi de lui adresser les rapports, et que si ses prédécesseurs m'ont tous demandé officiellement des rapports, *cela prouve* seulement que les règles les plus formelles ont été quelquefois mises de côté.

Ainsi, d'après cet administrateur, M. Léon Sencier, M. Numa Baragnon et M. Demonts lui-même n'ont pas sans doute compris ce qu'ils faisaient.

Dans les premiers jours de 1862, je recevais un mandat de 300 fr. comme médecin de l'asile, mais à ce mandat était, pour

(1) La commission du congrès international avait bien voulu accepter un travail de moi et *le Messager de la semaine* disait, le 12 juillet 1862, en parlant des mémoires lus au congrès international de Londres : « Parmi « les travaux présentés, nous signalerons, comme très-digne d'attention, « *une notice sur différents établissements de Florence*, par le chevalier « Berti, directeur de la maison de travail ; *un mémoire sur les réformes* « *à introduire dans les hôpitaux*, par le docteur Viallet, médecin de l'asile « Saint-Cyrice de Rodez, et un rapport sur *l'asile des épileptiques* de « Tain, par le comte de Larnage, son fondateur. »

la première fois, jointe une note portant que les frais de l'asile n'ayant pas absorbé la subvention, il y avait lieu de m'accorder mon traitement; ce qui impliquait que je n'en recevrais que tout autant que les fonds ne seraient pas absorbés.

En janvier 1863, ne recevant pas de mandat, j'écrivais à M. Boby pour réclamer. Je faisais part de cet incident à une personne, et j'appris qu'on se croyait en droit de diminuer et même de me priver de mon traitement, mais qu'en présence de la délibération formelle du Conseil général on n'avait pas voulu contester mon droit. De là un arrêté qui fut joint au mandat et portant :

« Vu la délibération du Conseil général, par laquelle il a « autorisé le prélèvement sur l'allocation affectée à l'asile « Saint-Cyrice d'une somme de 300 fr. pour rémunérer les « services de M. le docteur Viallet ;

« Vu le compte des dépenses de l'asile Saint-Cyrice pendant « l'année 1862 ;

« Considérant que l'excédant disponible sur cet exercice « permet l'ordonnancement de la somme ci-dessus,

« Arrêtons...... »

Ainsi, nonobstant la délibération formelle du Conseil général prise en 1859, M. Boby pense comme son prédécesseur et se croit le droit de supprimer mon traitement.

Voilà une singulière coïncidence, la même année où la commission internationale de bienfaisance admet mon mémoire *sur les réformes à opérer dans l'organisation des hôpitaux*, pour être lu au congrès de Londres, et que M. le vicomte de Melun dit dans les *Annales de la charité* que *mon travail est digne de l'attention publique*, M. Boby m'enlève la direction d'un hôpital que j'ai créé, organisé et qui a été l'objet des éloges de ses prédécesseurs, et se croit le droit de supprimer mon traitement. Jusqu'en 1865 aucun rapport ne m'est demandé (1).

(1) En 1865, je publiais dans le *Journal de Statistique de Paris* un mémoire *sur la cécité, la nécessité et les moyens d'ouvrir un hôpital spécial dans tous les départements.*

Ce mémoire reçut l'approbation des inspecteurs généraux des hôpitaux.

Un nouveau préfet, M. Izoard, nous arrive et m'invite officiellement à lui adresser un rapport sur l'asile Saint-Cyrice.

Me voilà dans une position fort bizarre, je ne suis pas *directeur*, et on me demande *qu'elles sont les améliorations à introduire dans l'établissement.*

Le rapporteur de la commission disait :

« La commission des intérêts généraux n'a, cette année, « comme les années précédentes, qu'à vous donner des ren- « seignements satisfaisants sur l'asile Saint-Cyrice. »

1866, nouvelle demande officielle d'un rapport.

M. le préfet disait :

« L'établissement dont il s'agit continuant à mériter votre « intérêt, j'ai l'honneur de vous prier de voter la somme précitée. »

De son côté, le rapporteur de la Commission s'exprimait ainsi :

« Il n'y a pas de discussion possible sur la grande utilité « de la destination charitable, unanimement reconnue, de « l'allocation dont il s'agit, et si ce rapport est soumis au « Conseil général, c'est pour constater une fois de plus les « bons services que rend l'établissement et appeler de plus « en plus sur lui votre intérêt dévoué.

« Votre commission est heureuse de constater des résultats « qui font honneur au docteur chargé du service de l'éta- « blissement. »

Le 11 janvier 1867, je recevais une lettre de M. le préfet au sujet de la dépense des médicaments qui avait augmenté, disait-il, dans des proportions sensibles, alors que le nombre des malades, toujours d'après lui, avait été en diminuant.

Il ne m'était pas difficile de lui prouver que si le compte du pharmacien avait augmenté, c'est qu'il avait été employé une somme assez ronde pour le dispensaire gratuit qu'il avait fait rouvrir depuis 1865 et que le nombre des malades au lieu de diminuer, comme on lui avait dit, avait été en augmentant. Ainsi, en 1864 il n'y avait eu que 24 malades ; en 1865 le nombre s'était élevé à 35, pour s'élever à 42 en 1866.

Nouvelle lettre, le 2 février, pour m'enjoindre de donner le moins de remèdes que possible et de les prendre parmi les moins coûteux.

Malgré les déceptions et les tracasseries de tout genre que j'éprouvais, je m'étais identifié avec cet hôpital qui, à force d'ordre et d'économie, ne laissait rien à désirer, autant pour son mobilier que pour les instruments spéciaux, sa petite pharmacie et son dispensaire gratuit.

Ainsi, les deux salles, ainsi que les chambres à donner, avaient reçu un badigeon blanc grisâtre, afin que la vue des malades ne fût pas fatiguée, des jalousies permettaient de donner plus ou moins de jour, les rideaux et les couvertures des lits étaient de couleur sombre, des tables de nuit dispensaient nos malades de se lever après les opérations, des lunettes-conserves, bleues ou fumées, étaient à leur disposition quand ils pouvaient sortir dans le jardin attenant aux salles.

J'étais le moins rétribué de tous les médecins, bien que ce genre de maladie exige des soins minutieux, et que j'eusse à faire quelquefois plusieurs visites par jour et même la nuit; mais j'étais bien secondé par la sœur infirmière, ayant en religion le nom de *sœur de la charité* qu'elle portait à si juste titre.

Ajoutez à tout cela le plaisir que j'éprouvais à penser qu'un hôpital spécial avait été créé, que mes confrères seraient appelés un jour à continuer et agrandir cette institution ; que de motifs pour moi, pour ne pas espérer de meilleurs jours, alors surtout que le Conseil général me donnait tous les ans des preuves de sa confiance.

J'étais heureux du nombre des malades qui s'était élevé, en 1866, à 42 indigents et à 36 malades payants, qui en 1867 s'élevait déjà à 31, quand le 19 mai je fus révoqué et insulté d'une manière indigne. Ce n'était plus l'hôpital ou l'asile Saint-Cyrice. Avant de le faire disparaître M. Isoard le dégradait, lui enlevait sa robe *prétexte*, ce n'était plus que *la salle dite de Saint-Cyrice*. Mon successeur, M. Seguret, était docteur médecin, je n'étais pas même officier de santé, mais un *sieur* Viallet, et la *direction* lui était attribuée par le même arrêté.

Le public, surtout à Rodez, connaît les noms des deux misérables qui, depuis longtemps, travaillaient à ma révocation, et qui ne quittèrent M. Isoard qu'après l'avoir obtenue, ainsi que l'arrêté inconvenant pris contre moi.

Le lendemain, un des conspirateurs agitant ses bras plus que de coutume, pour télégraphier sans doute le succès obtenu, disait : *M. Viallet est-il content ? Comment trouve-t-il le tour que nous lui avons joué ?*

M. le docteur Rosier, alors maire de la ville, allait triomphalement installer mon successeur, qui émerveillait tant les malades de l'asile par sa science en présence d'un œil artificiel qui *lui jouait un mauvais tour*, que le lendemain tous les malades avaient pris congé.

Trois jours après ma révocation, j'écrivis à M. Isoard une lettre que je rendis publique. Le 13 juin je lui en adressai une autre que je crois devoir reproduire ici :

« Monsieur le Préfet, j'eus l'honneur de vous adresser, le
« 22 mai, une lettre au sujet de ma révocation comme médecin
« de l'asile Saint-Cyrice, professeur du cours d'accouchement
« et médecin de l'hôpital de la maternité.

« Il m'importe de connaître les motifs d'une décision aussi
« violente par la forme que par le fonds, et je viens vous réi-
« térer ma demande.

« Le médecin d'un établissement ne peut être révoqué défi-
« nitivement que par le Ministre (ordonnance royale du
« 31 octobre 1821), et l'arrêté préfectoral qui le suspend doit
« en faire connaître les motifs et les considérants.

« Ne pensez pas, Monsieur le Préfet, que ce silence de votre
« part me suffise ; j'en appellerai de nouveau à M. le Ministre,
« à qui j'envoie copie de la présente ; s'il le faut, j'adresserai
« une demande au Conseil d'État contre l'illégalité de vos deux
« arrêtés en même temps que, par une pétition au Sénat, je
« solliciterai une explication.

« Une destitution sans motif est toujours une chose très-
« grave, en ce qu'elle suppose que celui qui en est l'objet a
« manqué à ses devoirs les plus essentiels, et que c'est pour

« ne pas perdre un fonctionnaire aux yeux du public qu'on « garde le silence.

« Je ne saurais donc accepter l'illégalité de la mesure pas « plus que les soupçons qui pourraient peser sur moi. »

Pas de réponse. Je m'adresse au ministre, même silence.

J'envoie une pétition au Sénat, et M. de Sacy juge à propos de se taire sur mes justes plaintes *au sujet d'une loi violée* à mon détriment et des insultes reçues, pour parler du danger qu'il y aurait à accueillir des pétitions de ce genre qui mèneraient à la révolution et à l'anarchie ; et le Sénat passa à l'ordre du jour.

Au milieu des marques de sympathies que je reçus de toutes parts, il en est une que je n'oublierai jamais. M. Sencier, préfet du Nord, m'envoyait, à cette occasion, sa carte de visite avec suscription : *A Monsieur le docteur Viallet, médecin fondateur de l'asile Saint-Cyrice, à Rodez.*

La session du Conseil général s'ouvre le 26 août ; j'adresse un certain nombre d'exemplaires de ma *Notice sur l'Asile Saint-Cyrice* aux membres du Conseil pour leur apprendre ce qui s'est passé. Peines et soins inutiles, mes notices sont, à un hôtel et à la préfecture où je les ai faites remettre, l'objet d'un escamotage que je laisse au public le soin de qualifier.

Il importe de faire connaître l'organisation de cet établissement. Le malade reçu avait la même nourriture que les sœurs, il assistait aux offices dans leur chapelle ; tous les trois mois un relevé était fait des journées, et ce compte, déclaré véritable par le médecin, était présenté au receveur général qui le payait. Pas d'autre infirmier que la sœur, qui était aidée souvent par les malades eux-mêmes.

Ainsi, pas de receveur ni d'économe, pas d'aumônier particulier, pas d'infirmiers. Comme on le voit, l'organisation était simple et la moins onéreuse de tous les hôpitaux. Je dirai en passant que M. le vicomte de Melun l'avait trouvée tellement bonne, qu'il la recommandait comme le meilleur moyen d'organiser et de soutenir les hôpitaux-hospices cantonaux, dont il était aussi question dans ma brochure : *de la Réforme dans les Hôpitaux.*

Il en était de même pour le pharmacien. Tous les trois mois on faisait le relevé de tous les remèdes fournis d'après le registre tenu à l'asile, j'avais à le déclarer conforme, et dès qu'il avait été visé par le préfet comme le compte de la sœur, il était payé par le receveur général.

Voyons maintenant les motifs de ma révocation.

Nous avons vu qu'une subvention annuelle de deux mille francs était accordée à l'asile St-Cyrice, et que les communes avaient à payer le tiers de l'entretien des malades reçus, c'est-à-dire 35 centimes par jour.

Au moyen de cette modique subvention du département, on avait pu acheter, par la voie des fournisseurs de la préfecture, dix lits complets avec rideaux, tables, tables de nuit, chaises, une armoire pour serrer le linge; la petite pharmacie, une pendule-horloge, une cheminée à la prussienne avec tuyaux pour chauffer les salles. On s'était procuré une collection d'instruments dont le prix s'élevait à environ six cents francs. Près de quatre cents malades avaient été soignés et un dispensaire gratuit avait donné des remèdes aux indigents qui ne pouvaient être admis à l'asile. Le médecin avait reçu, depuis 1860, un traitement annuel de 300 francs, et la sœur, depuis à peu près la même époque, une somme annuelle de 150 francs comme indemnité.

Voyons le rapport de M. Isoard.

Les journées des malades ont coûté, dit-il, 10,800 francs, à raison d'un franc par jour, pour leur entretien (c'est-à-dire pour leur nourriture, chauffage, éclairage, blanchissage, soins et le logement); car il ne faut pas oublier que l'asile appartenait aux sœurs

Cette allocation *énorme* de 1 franc par jour paraît très-onéreuse à ce magistrat, qui avait exigé 31,919 francs pour embellissement de la préfecture que ses prédécesseurs avaient trouvée convenable, en sus de l'allocation annuelle qui s'élève à 3,000 francs.

Neuf mille francs ont été employés, dit-il, en frais *accessoires!!* ce qui *fait une situation qu'on ne peut prolonger sans une nécessité absolue.*

Voici ce que ce monsieur appelle les *accessoires :* le médecin qui traite les malades est un *accessoire*, le pharmacien qui fournit les remèdes est un *accessoire*, la sœur qui les soigne est un *accessoire*, le mobilier, la literie, le linge dont il a fallu fournir cet établissement sont un *accessoire*, de même que les instruments.

L'alimentation est ce qui constitue un hôpital, tout le reste sont des *accessoires*.

Qu'on ne croie pas qu'il y a un déficit à combler, car M. Isoard dit dans le même rapport que sur les 21,711 francs qu'a coûté l'asile St-Cyrice depuis 1856, à la raison de 2.000 fr. par an, *deux mille francs* sont restés sans emploi, ce qui réduirait la subvention à dix-huit cents francs.

Toutes ces énormités sont dites avec un aplomb et une assurance imperturbables, alors qu'il va demander comme tous les ans *cinquante mille francs* pour l'entretien et les *accessoires* d'un autre établissement qui a déjà coûté pour sa construction ou son mobilier près d'un million.

Ce fut là cependant le seul grief mis en avant pour me destituer, m'insulter, désorganiser cet établissement dont il avait fait lui-même l'éloge pendant trois ans.

Cela n'empêchait pas M. Isoard de demander la même subvention, alors qu'on n'eut plus de mobilier ni instruments à acheter, car l'asile était amplement pourvu, et que mon successeur offrit *pour le moment* ses services gratuitement.

Les extravagances émises par M. Isoard ne m'avaient pas surpris, mais j'aimais à croire que le Conseil général n'approuverait pas les insultes reçues et les pitoyables raisons données, car elles étaient la censure de ce qu'il avait dit sur l'établissement et sur moi pendant dix ans.

Il n'en fut pas ainsi, et le rapporteur de la commission disait que l'organisation actuelle *était défectueuse et qu'un pareil état de choses ne pouvait se perpétuer*, et au nom de la commission il adhérait avec empressement à la proposition de M. le préfet, tout en demandant la même subvention.

Vivement froissé par cette décision, à laquelle je devais d'autant moins m'attendre qu'elle faisait le procès de toutes les délibérations prises par le même Conseil général et par les rapports des préfets qui s'étaient succédé, voire même M. Isoard, je publiai une brochure sous le titre de : *Réformes dans les hôpitaux*, précédée de la *Notice sur l'asile Saint-Cyrice*, qui avait été escamotée, et peu de temps après, d'une nouvelle brochure ayant pour titre : *Nécrologie de l'asile Saint-Cyrice et du cours d'accouchement*, dont il sera parlé plus tard.

Grand émoi au sein du Conseil général quand il se réunit en 1868, suppression de la subvention de 1,500 francs qu'il donne tous les ans *à la Société des lettres et arts de l'Aveyron*, comme coupable d'avoir admis dans sa bibliothèque ces deux brochures !

Voyons quelles étaient les énormités commises dans cette brochure.

1° Est-ce pour avoir parlé des différents mémoires que j'ai publiés sur quelques questions d'économie charitable, qui ont eu l'assentiment de plusieurs sociétés savantes et qui m'ont procuré l'honneur d'être admis dans leur sein ?

2° Est-ce pour avoir fait l'histoire de l'asile Saint-Cyrice et avoir publié les rapports élogieux à mon égard du Conseil général et de l'administration pendant dix ans ?

3° Est-ce pour avoir dit que les hôpitaux étaient d'origine catholique ?

4° Est-ce pour avoir fait l'histoire des hôpitaux généraux sous Louis XIV, créés au moyen de la réunion des hôpitaux existant dans les villes plus ou moins considérables ?

5° Est-ce pour avoir parlé de la spoliation des hôpitaux ruraux pendant le XVIIIe siècle, pour enrichir ou agrandir ceux des villes, et avoir raconté ce qui se passa dans notre province à leur égard ?

6° Est-ce pour avoir dit et prouvé que les hôpitaux des petites villes laissent à désirer sous le rapport de l'organisation, et perdent ainsi de plus en plus dans l'opinion publique ?

7° Est-ce pour avoir donné la préférence aux hôpitaux, même tels qu'ils sont constitués, aux bureaux de bienfaisance ?

8° Est-ce pour avoir prétendu que les orphelinats, les écoles, les salles d'asile créés dans les hôpitaux leur sont préjudiciables ?

9° Est-ce pour avoir dit que le mode employé à l'égard des enfants assistés est défectueux ?

10° Est-ce pour avoir conseillé la reconstitution d'hôpitaux cantonaux ou ruraux comme moyen d'enrayer l'émigration des campagnes et d'avoir fait connaître les ressources qu'on aurait pour les créer à nouveau dans la plupart de nos cantons, où ils existaient avant la Révolution ?

11° Est-ce pour avoir proposé la création d'hôpitaux spéciaux dans tous les départements, ainsi qu'il en existe dans une partie de l'Europe ?

12° Est-ce pour m'être élevé contre la suppression des tours, avoir blâmé les secours donnés aux filles-mères dans toutes les circonstances et demandé que des *médecins* seuls fussent les inspecteurs des enfants assistés ?

13° Est-ce pour avoir combattu l'industrie des nourrices, la mortalité effrayante des nourrissons, et pour avoir indiqué quelques moyens d'y remédier ?

14° Est-ce enfin pour avoir conseillé de créer, en dehors des hospices, des asiles en faveur des invalides du travail ?

Mon crime était d'avoir dit dans la *Nécrologie* que *le Conseil général, pris d'une de ces défaillances si communes par le temps qui court, oublieux de tous les éloges donnés pendant dix ans, a adhéré avec empressement à la combinaison nouvelle, et l'asile Saint-Cyrice a vécu.*

Voilà les crimes ou délits que j'avais eu l'audace de commettre; qu'on ne s'étonne pas de toutes les colères que je soulevai.

Quelque temps après, je publiai une autre brochure sous le titre de : *Encore M. Isoard et le Conseil général de l'Aveyron érigé en Congrégation de l'index.*

Peu de mois après, le rapporteur de la commission, membre du Conseil général depuis peu et n'habitant pas l'Aveyron, étranger à tout ce qui s'était passé, me faisait témoigner ses regrets de s'être laissé induire en erreur.

Lois violées, insultes reçues, disparition de deux hôpitaux, deux œuvres ou institutions charitables anéanties après dix années d'éloges, n'était-ce pas assez pour avoir le droit de flageller ces *révérends pères*, noms sous lesquels je les désignais?

On ne trouvera pas hors de propos que je dise que *l'Economiste français*, *la Réforme médicale*, *le Journal de Statistique de Paris*, *la Revue religieuse de Rodez*, publièrent un compte-rendu de mes brochures mises *à l'index*, dans les termes les plus flatteurs pour moi (1).

(1) DES RÉFORMES A OPÉRER DANS L'ORGANISATION DES HÔPITAUX, et de la nécessité de créer des hôpitaux cantonaux, ainsi que des hôpitaux spéciaux, par le docteur VIALLET. — In-8°; Paris (Asselin).

Dans un récit qui sert de prélude à cet écrit, ainsi que dans une *Nécrologie de l'asile de Saint-Cyrice*, *du cours d'accouchement et de l'hospice de la Maternité de Rodez*, M. le docteur Viallet montre à quelle instabilité sont livrées les positions personnelles et même les institutions charitables, sous le régime de la centralisation administrative qui donne aux préfets un pouvoir à peu près absolu sur les hommes et sur les choses. L'idée fondamentale de son plan de réorganisation consiste dans la création d'hôpitaux cantonaux, destinés à offrir aux habitants de la campagne les soins de la science, le dévoûment des sœurs infirmières, les ressources de la pharmacie, bienfaits que les citadins trouvent autour d'eux; et en même temps de retenir, à proximité de leurs familles et de leurs villages, ces multitudes laborieuses qui courent vers les villes, où les attirent, entre autres avantages, les garanties contre la maladie et la vieillesse.

A l'appui de sa thèse, M. Viallet retrace quelques souvenirs de l'histoire hospitalière, tant de la France que du département qu'il habite, et montre par quelles annexions, le plus souvent violentes et contraires à la volonté des donateurs, les villes se sont approprié les revenus et les terres que possédaient les hôpitaux et hospices primitivement fondés dans les communes rurales ou les petites villes situées au voisinage des pauvres. L'histoire est instructive, mais peu édifiante. Quoi qu'il en soit des racines du mal, sa tige a tellement grandi et fleuri, qu'aujourd'hui la population fuit les champs pour se précipiter vers les villes, où l'attirent ces immenses travaux publics, un mode nouveau d'ateliers nationaux en permanence, alimentés par l'impôt, l'octroi et l'emprunt. Ce phénomène de déplacement et d'affaiblissement, M. Viallet le voit s'accomplir sous ses yeux, et il multiplie ses louables efforts pour l'enrayer.

Son œuvre mérite d'être étudiée et discutée; il discute lui-même avec une logique vigoureuse, les idées parallèles ou divergentes, sur l'assistance publique, émises par d'autres publicistes, et il nous semble mettre le meilleur droit de son côté. Autour de son idée

Plus tard, le *Constitutionnel*, le *Messager de Toulouse*, la *Décentralisation*, de Lyon, en rendaient compte ou en parlaient avec éloges.

A l'occasion de l'*Enquête parlementaire sur l'assistance*

principale il a groupé beaucoup de vues secondaires sur le système financier des hôpitaux, sur les préparations pharmaceutiques dans ces établissements, sur les médecins cantonaux, les couvents, les orphelinats, les salles d'asile, les écoles, les enfants assistés, les secours à domicile, les hôpitaux spéciaux d'enfants et d'ophtalmiques, sur les cours d'accouchement, sur les nourrices, sur les asiles des invalides du travail. En toutes ces matières, il fait preuve d'une compétence mûrie par la réflexion et contrôlée par l'expérience; et si nous hésitons, incompétent que nous sommes nous-même, à ratifier toutes ses propositions, nous les signalons avec confiance comme dignes d'examen.

Jules Duval.

(*Economiste français*, du 12 décembre 1867.)

De la réforme des hôpitaux, des bureaux de bienfaisance et des hôpitaux-hospices cantonaux.

A propos de la communication que nous reçûmes il y a quelques mois de notre ancien camarade et distingué ami, M. le docteur Colson, nous publiâmes un article de M. le docteur Viallet, de Rodez, et nous annonçâmes que cet article n'était qu'un fragment d'un travail *ex professo* que cet honorable médecin préparait sur la question. Ce travail a paru, il y a quelques jours, et nous voudrions pouvoir le mettre en entier sous les yeux de nos lecteurs. Ils y trouveraient exposées avec une grande précision, avec une profonde compétence, et jugées avec une parfaite rectitude d'esprit des questions qui intéressent à un haut degré les populations nécessiteuses des campagnes de France, et le corps médical lui-même, dont M. Viallet sait envisager, d'un point de vue élevé, les intérêts, et non pas à la manière de ces fauteurs de prétendues associations, qui semblent n'en vouloir aux charlatans que pour se substituer à eux.

La réforme qu'il poursuit n'est même, à peu de chose près, que la restauration de ce qui existait il y a quatre-vingts ans, où chaque grande commune de France (équivalant aujourd'hui, ou peu s'en faut à chaque canton), possédait son hôpital-hospice. Les raisons qu'il invoque pour cette importante restauration sont des plus graves, et nous ne pourrions que les affaiblir en les analysant; nous les mettons donc textuellement sous les yeux de nos lecteurs.

(*Réforme médicale*, 24 novembre 1867.)

publique dans les campagnes, j'envoyai un mémoire et mes deux brochures, l'une sur *la Réforme dans les Hôpitaux*, l'autre, *Etudes sur l'émigration des campagnes et ses dangers*, qui complétaient mon travail.

Voici ce que dit M. Legoyt, secrétaire perpétuel de la Société de statistique de France :

« Notre collègue, M. le docteur Viallet, s'est déjà fait connaître « à nos lecteurs par un article remarquable sur la *cécité* : il vient de « communiquer un mémoire sur le régime hospitalier en France, qui « n'appelle pas moins l'attention. . . . .

« . . . .

« Quelque opinion qu'on puisse se faire des possibilités d'exécu- « tion du projet de M. le docteur Viallet, on ne peut s'empêcher de « remarquer qu'il émane d'un homme qui a vu de très-près le régime « hospitalier des villes dans toutes ses formes, et s'est fait une juste « idée des besoins des campagnes au point de vue médical. Son « travail est, d'ailleurs, écrit d'un ton de conviction qui atteste une « longue et mûre étude de son sujet. »

DES RÉFORMES A OPÉRER DANS L'ORGANISATION DES HOPITAUX ET DE LA NÉCESSITÉ DE CRÉER DES HOPITAUX CANTONAUX AINSI QUE DES HOPITAUX SPÉCIAUX, précédé d'une notice sur l'asile Saint-Cyrice (hôpital pour les maladies des yeux), par le docteur VIALLET.

Pour ne pas manquer à ses habitudes et à sa mission, la *Revue religieuse* doit appeler l'attention de ses lecteurs sur une récente publication de M. le docteur Viallet, membre de plusieurs sociétés savantes.

Elle est précédée d'une notice sur l'asile Saint-Cyrice (hôpital pour les maladies des yeux), à Rodez. Nous n'avons pas à analyser cette notice, qui n'est qu'un épisode de la vie médicale de l'auteur. Le reste du livre s'occupe des réformes à opérer dans l'organisation des hôpitaux et de la nécessité de créer des hôpitaux cantonaux et spéciaux. Le sujet est digne des méditations de tous les économistes, de tous les philanthropes ; en un mot, de tous ceux qui ont à cœur le soulagement de l'humanité souffrante.

Après avoir constaté que l'origine des bureaux de charité et des hôpitaux est due au catholicisme, dont les progrès ont été toujours et partout marqués par la multiplication de ces institutions; après avoir fait connaître l'origine des hôpitaux généraux fondés sous Louis XIV par la réunion des différents hôpitaux qui existaient dans la plupart des villes ; après s'être élevé contre la fusion malheureuse des aumônes et des hôpitaux ruraux avec les aumônes et les hôpitaux des petites villes, qui eut lieu dans le XVIIIe siècle, M. Viallet nous entretient de la situation morale et matérielle des hôpitaux

On fit à mon mémoire l'honneur de lui donner place dans cette enquête qui forme 3 volumes in-4°, et sur l'avis de la commission, un exemplaire me fut envoyé par le président de l'Assemblée nationale.

actuels, de l'avantage de diviser les services médicaux, de mettre le nombre des médecins, des religieuses et des infirmiers en rapport avec le nombre des lits, de confier à un seul les fonctions de receveur et d'économe, d'organiser des pharmacies particulières et des pharmacies centrales pour les hospices.

L'auteur parle de l'impossibilité d'établir un tarif uniforme pour les consultations, ainsi que de l'exercice illégal de la médecine et de la pharmacie. Il prétend que l'annexion de pensionnats, d'orphelinats et d'écoles à quelques hôpitaux est très-nuisible à ces établissements charitables. Il voudrait qu'on occupât les enfants assistés à des travaux utiles : les filles à la couture, à la buanderie, à l'horticulture, aux soins de la cuisine, et les garçons à des exploitations rurales pour les attacher à la vie des champs qui manquent aujourd'hui de bras. Il voit aussi là un moyen pour les hôpitaux d'augmenter les revenus de leurs immeubles, qui recevraient chaque jour de notables améliorations.

Passant ensuite aux hôpitaux et hospices cantonaux, il développe les raisons qu'on a de les préférer aux *bureaux de bienfaisance,* où l'on a trop cherché à faire prédominer l'élément laïque, et il en fait ressortir les avantages. Il énumère les hôpitaux de ce genre qui ont été supprimés dans diverses localités de l'Aveyron, indique les moyens de les rétablir et de leur créer des ressources. A cette occasion il dit quelques mots de l'institution des médecins cantonaux dont il n'est guère partisan.

Il termine par quelques considérations sur les hôpitaux spéciaux, sur les hôpitaux des enfants, les hôpitaux ophtalmiques et les hospices de la maternité ; sur les nourrices et les nourrissons, et enfin sur les *asiles des invalides du travail.*

Toutes ces questions, dont l'importance ne peut échapper à personne, sont développées avec une grande clarté. On sent partout l'homme convaincu et désireux d'être utile. Nous ne sommes pas assez compétent pour prononcer en dernier ressort sur ses idées et ses appréciations, qu'il a soin d'appuyer sur les données de l'histoire et de la statistique et sur de graves autorités en ces matières. Nos lecteurs pourront en juger eux-mêmes, et nous sommes persuadé qu'ils sauront gré à M. Viallet de leur avoir fourni l'occasion et les éléments nécessaires pour étudier des questions si intéressantes et si importantes au point de vue religieux, humanitaire et économique. Pour nous, nous lui en faisons nos remercîments les plus sincères, et nous regrettons de n'avoir pas un plus grand espace à consacrer à son consciencieux travail.

L'abbé Laurent FABRE.

En dernier lieu, des nombreuses citations ont été empruntées par mon excellent et courageux confrère le docteur Brochard dans son livre *sur les enfants trouvés.*

Comme on voit, des témoignages bien flatteurs m'ont amplement dédommagé des rigueurs défaillantes du Conseil général et des inconvenances de l'autorité préfectorale.

Traitement des indigents atteints de maladies d'yeux.

C'est sous ce nom que sera connue désormais la salle de l'hôpital général appelée à recevoir les malades.

Depuis le 20 mai 1867 jusqu'au 1er juillet 1868, *dix* malades ont été reçus et ont coûté *mille francs*. Qu'on ne s'étonne pas de ce petit nombre. le nouveau préfet, M. de Saint-Priest, annonce que les maladies d'yeux sont bien moins nombreuses qu'on n'avait cru. Il ne propose qu'une allocation de 1,500 fr. qui sera suffisante, attendu qu'on n'a pas de médecin ni de sœur garde-malade à payer, que l'hôpital fournit les remèdes et qu'on n'aura plus de mobilier à acheter.

En 1866, 42 malades avaient pu être traités moyennant 1,300 francs provenant de la subvention donnée par le département, 433 francs fournis par les communes.

Voilà les grandes économies qu'on a réalisées !!

On a en outre donné les instruments, tout le mobilier à l'hôpital, au bureau de bienfaisance, à la supérieure du cou-

Ayant eu l'honneur d'offrir à l'éminent évêque d'Orléans, Mgr Dupanloup, ma brochure : *De la réforme dans les hôpitaux,* je reçus la lettre suivante :

« Monsieur,

« J'ai reçu la brochure que vous m'avez fait l'honneur de m'en-
« voyer et je vous prie de vouloir bien en agréer tous mes remerci-
« ments. Elle contient des renseignements et des vues dont je
« compte bien faire mon profit.

» Veuillez agréer tous mes bien dévoués hommages.

« Félix, évêque d'Orléans. »

vent; on a agi à l'égard de cet asile comme au moyen-âge le bourreau faisait à l'égard de ces grands coupables dont il jetait les cendres au vent. On voulait rendre toute résurrection de cet hôpital spécial impossible, et M. le docteur Rosier, alors membre du Conseil général et maire de la ville, se chargea d'être l'exécuteur des hautes œuvres du Conseil général, et les cendres de l'asile furent dispersées.

En 1869, la subvention demandée n'est que de mille francs, nouvelle économie, dit M. le préfet, au profit du département, par suite de la nouvelle organisation.

Nombre de malades reçus, 11. Ils ont coûté 1027 francs.

En 1870, pas de session.

Les jannissaires de la préfecture avaient en grande partie disparu, ce n'était plus le temps où l'on n'osait émettre une idée en dehors de celles que daignaient imposer les Boby, les Isoard, voire même Demonts ; on commençait à sentir que le rôle des conseillers généraux n'était plus d'imiter en tous points les quatre personnages de l'Apocalypse.

En 1871, la commission propose de rejeter l'allocation demandée de 700 francs, car elle a reconnu que « cette allo-
» cation avait pu être de quelque utilité, alors qu'il *existait*
» un médecin spécialiste et un établissement *ad hoc* à Rodez,
» mais qu'aujourd'hui tout cela avait disparu et n'avait plus
» de raison d'être.

« Votre commission a été frappée du petit nombre d'indi-
« gents qui ont profité, en 1870, de ce traitement : il s'élève
« à *sept*, et les résultats n'en sont pas très-satisfaisants. Elle
« vous demande donc la suppression de l'allocation. »

M. le docteur Ouvrier dit qu'il votera la suppression, en regrettant qu'il n'y ait pas à Rodez un établissement spécial affecté au traitement des maladies des yeux.

Le Conseil général adopte en séance publique, en présence de M. le docteur Séguret, un de ses membres, qui n'avait pas l'air aussi satisfait que le 19 mai 1867, malgré qu'il se fût fait nommer médecin de *l'asile des sourds-muets*, sans doute par prévision.

Ainsi voilà un hôpital fermé, tout son mobilier, d'une valeur de 1,500 fr., acquis à l'hôpital général, une belle collection d'instruments qui avait coûté au moins six cents francs, une grande cause de paupérisme que j'avais enrayée pendant dix ans, tel est le bilan d'une conspiration. Quant à la prétendue diminution du nombre des malades des yeux, si j'en juge par les payants et les malheureux qui, faute de ressources, ne peuvent s'entretenir à Rodez, je dirai qu'il est plus considérable. Les ophtalmies scrofuleuses avec ses suites et les cataractes congénitales ou du jeune âge sont devenues communes. A quoi tiennent ces deux redoutables infirmités, c'est ce dont je n'ai pas à m'occuper, mais je constate un fait.

Un membre du Conseil général que je ne nommerai pas, surmontant toutes ses tristesses, ayant fait croire à l'honorable rapporteur que j'étais mort et que les ruines de cet établissement dataient *de sa création*, je crus devoir écrire à M. le président et ma lettre fut lue dans la première séance du lundi 6 novembre 1871.

« Monsieur le président du Conseil général,

« Une erreur qui pourrait m'être préjudiciable sous tous les rapports a été commise par un de MM. les secrétaires du Conseil et il m'importe de ne pas la laisser s'accréditer.

« M. Jugla dit : « Sur un rapport de M. Austry, présenté « au nom de la commission des intérêts généraux, le Conseil « supprime le crédit de 700 francs porté au budget pour trai- « tement des indigents atteints de maladies aux yeux. Les « services auxquels ce crédit devait pourvoir n'a pas réalisé « les résultats qu'on avait espéré en *le créant* (1). »

« L'asile Saint-Cyrice fut fondé en 1855, j'en fus nommé médecin, et il s'ouvrit le 1er janvier 1856.

« Je fus révoqué le 19 mai 1867, sans avoir jamais pu en connaître les motifs.

« La moyenne des malades reçus dans cet hôpital pendant ces dix années et demi environ fut de 36, sans compter les

(1) Cette assertion de la part de M. Jugla était d'autant plus étrange, qu'il avait pris une large part à la décision du Conseil général, en 1867.

malades payants admis dans des chambres réservées. A partir de ma révocation, cet hôpital spécial perdit son nom et a été jusqu'à ce jour connu sous le titre de : *Traitement des indigents atteints des maladies d'yeux*, et transféré dans un local de l'hôpital général.

« Nombre des malades admis en 1867-68........ 10
en 1869............ 11
en 1870........... 7

« En 1871, il n'y avait pas encore de demande d'admission au 1er octobre. Ainsi, au lieu d'une moyenne de 36 par an, il n'y a eu en cinq ans que 28 malades, ou bien une moyenne de 7 les quatre premières années.

« Il résulte de ces faits que l'asile St-Cyrice prospérait et rendait des services qui auraient été en augmentant, puisqu'une partie de la subvention employée à acheter le mobilier et une collection d'instruments spéciaux aurait pu être attribuée à l'admission d'un plus grand nombre de malades, tout en continuant la subvention du dispensaire gratuit qui fut également supprimé en 1867.

« Si, depuis cette époque, l'établissement nouveau, qu'on ne peut ni on ne doit confondre avec l'asile St-Cyrice, a dépéri, il ne paraît pas juste que l'opinion publique m'attribuât toutes ces ruines, alors que j'ai été étranger à tout ce qui s'est fait dans ces quatre dernières années.

« Je prie, en conséquence, le Conseil général d'admettre ma juste réclamation dans son procès-verbal.

« J'ai l'honneur, etc.

« VIALLET, *docteur-médecin.* »

Ma demande fut admise et ma réclamation, insérée au procès-verbal, fut publiée par les journaux.

Sœurs garde-malades.

J'avais eu souvent l'occasion de regretter que les personnes chargées de donner des soins aux malades ou de leur administrer les remèdes n'eussent pas les notions les plus indispensables pour remplir leurs devoirs.

Dès que l'asile Saint-Cyrice fut ouvert, je m'empressai de demander à la supérieure que quatre sœurs fussent adjointes à celle qui allait être spécialement chargée de donner ses soins aux malades. Témoins des opérations ainsi que des pansements, je les initiais à préparer tous les remèdes simples dont elles pouvaient avoir besoin, et je projetai ainsi, avec la supérieure générale, de former des *sœurs garde-malades*. Au bout de quelques mois, elles furent à même d'être utiles, et ainsi fut créée cette institution nouvelle dont le besoin se faisait sentir depuis longtemps.

Pauvres ou riches, tous veulent avoir maintenant une sœur, aussi leur nombre, quoique ayant plus que doublé, ne peut suffire à toutes les demandes.

Dire tout le bien qu'elles opèrent à Rodez et dans les succursales qu'il a fallu créer dans plusieurs localités importantes me serait difficile; je laisse ce soin et ce devoir à la reconnaissance de ceux qui ont eu besoin de les avoir dans de tristes circonstances.

C'est, au reste, la seule institution qui ait survécu, parce qu'elle n'était pas sous la dépendance des Demonts, des Boby et des Isoard, qui auraient voulu sans doute l'organiser à nouveau.

Œuvre des Bains de Mer.

Un grand nombre d'affections oculaires reconnaissent pour première cause le vice scrofuleux, et leur guérison n'est assurée que lorsque la constitution des malades est profondément modifiée. L'efficacité des bains de mer contre toutes les affections de ce genre est aujourd'hui tellement reconnue que leur usage a pris un développement immense.

Le Conseil général de l'Aveyron était entré un des premiers, en France, dans cette voie, et une somme de 1,000 francs venait tous les ans en aide aux indigents envoyés aux *eaux minérales ou thermales*.

Les enfants admis à l'asile Saint-Cyrice pour ce genre d'affections étant nombreux, je dus me préoccuper des moyens de rendre ces secours plus nombreux et plus profitables. En étudiant l'organisation de cette institution, il ne me fut pas difficile de voir qu'elle était presque toujours l'objet d'un vrai gaspillage.

Les malades se présentaient, les uns pour aller à Cette ou à Bagnols, d'autres pour aller aux différentes stations des Pyrénées, d'autres enfin à d'autres établissements très-peu profitables à des indigents. Comme le secours de 20 francs était donné à Rodez, quelques-uns trouvaient très-commode de rester chez eux, d'autres allaient se promener, et il n'était pas rare d'apprendre qu'après avoir touché le *bon*, qui plus tard n'avait dû être perçu que chez le percepteur du lieu désigné, avaient continué leur promenade sans avoir pu apprécier la température ou de l'eau ou des bains qu'ils devaient prendre. D'autres, enfin, négociaient leur *bon* sur place.

Je fis part de toutes ces observations à M. Baraghon; la subvention fut portée à *deux mille francs*, mais les seuls établissements pour lesquels on obtenait un secours de *vingt francs* furent Cette et Bagnols, comme pouvant seuls faire un bien réel, l'un pour les scrofuleux, l'autre pour les rhumatisans. Une carte d'admission pour vingt jours à l'hôpital Saint-Charles, de Cette, était délivrée aux premiers; faute d'hôpital, les cartes pour Bagnols étaient payées par le percepteur de cette localité, et cette nouvelle institution reçut le nom d'*OEuvre des Bains de Mer*.

Les frais de voyage pour aller surtout à Cette étant considérables, j'obtins du directeur des diligences de Rodez à Montpellier une réduction de sept francs par place, et un don annuel de deux cents francs fait par Mgr Delalle vint en aide à la société de St-Vincent de Paul, pour faciliter à bien des malheureux le voyage. J'eus l'honneur d'adresser, en 1860, mon rapport à M. le directeur général de l'assistance publique, ainsi qu'à MM. les inspecteurs généraux.

En 1861, M. Husson, directeur général, faisait bâtir un hôpital à Berg-sur-Mer, près le Pas-de-Calais, en faveur des enfants scrofuleux de Paris.

Plusieurs journaux lui attribuant l'initiative de cette œuvre, j'en revendiquais l'honneur en faveur de M. Baragnon et du Conseil général de l'Aveyron sur mon initiative, dans les colonnes de *la Revue d'économie chrétienne*, livraison de juillet et août 1861, page 754.

Depuis cette époque l'hôpital de Berg a grandi, il contient 604 lits. Plusieurs départements ont inscrit sur leurs dépenses des secours aux enfants scrofuleux pour se rendre à des bains de mer.

M. Demonts se contenta d'abord de demander une réduction de 500 francs, plus tard il voulait détruire cette œuvre, il lui enleva son nom, et elle ne fut connue que sous ce titre : *Secours pour aller aux eaux minérales ou thermales*, et l'on vit reparaître des cartes pour le pont de Cougousse, Villefranche, Bagnères, Cette, Balaruc, Vichy, Bagnols ; et tout contrôle sérieux cessa d'exister.

Sous M. Baragnon, il avait été dit que les cartes demandées pour les malades de l'asile St-Cyrice seraient toutes accordées directement. Quant aux autres, elles devaient l'être sur l'avis du médecin-inspecteur des enfants assistés, seul capable de contrôler les certificats délivrés par les médecins.

Depuis M. Demonts, c'est un employé de la préfecture qui est chargé de ce soin.

On peut juger par là de l'intelligence qui préside à cette dépense départementale.

Inspection des enfants assistés.

Cette charge avait été confiée depuis sa création à des employés de préfecture, mais quel que fût leur zèle, leur intelligence et leur dévouement, il leur était impossible de répondre aux vœux de l'administration.

L'idée de rendre plus profitable cette nouvelle création, en la considérant autant au point de vue humanitaire qu'administratif, fut de ma part le sujet d'études.

M. Rouvière, employé de la préfecture, inspecteur des enfants assistés du département de l'Aveyron, ayant demandé sa retraite en 1858, je crus devoir profiter de cette occasion pour soumettre mes idées à M. Baragnon. Elles furent accueillies avec cette bienveillance qui caractérisait cet homme de bien, et un médecin, M. Unal, médecin à Milhau, fut nommé inspecteur des enfants assistés. A sa mort, qui survint peu d'années après, je proposai M. Cassagnou, médecin à Naucelle, qui a occupé ce poste jusqu'en 1871, époque à laquelle il fut révoqué et remplacé par un chef de division de préfecture étranger à ce département.

Je ne parlerai pas de toutes les haines que souleva contre moi cette innovation, toute dans l'intérêt des enfants assistés ; je dirai seulement, avec mon savant et courageux confrère, M. le docteur Brochard, qui a appris lui aussi que ce n'est pas impunément qu'on a le courage du bien:

« Nul en France, dit-il, ne peut devenir inspecteur des « forêts s'il n'a fait des études spéciales et s'il ne connaît « l'anatomie et la physiologie végétales ; nul ne peut devenir « inspecteur des haras s'il n'a étudié l'anatomie et la physio- « logie du cheval ; mais pour devenir inspecteur des enfants « trouvés, il n'y a nul besoin de connaître l'anatomie et la « phisiologie humaines. Il suffit d'être étranger à ces sciences « et de ne rien savoir en hygiène et en médecine infantilles, « comme si la science de l'enfant malade pouvait s'apprendre « sans études spéciales, comme si la vie des enfants trouvés « était pour l'administration sans importance aucune. »

Je ne reviendrai pas sur ce que j'ai dit dans mon ouvrage *sur la réforme dans les hôpitaux* en parlant de *l'industrie des nourrices*, de *la mortalité des nourrissons* et des moyens d'y remédier en confiant leur inspection à des médecins et en nommant une commission par commune, composée du curé, du médecin, du maire et de deux personnes honorables pour surveiller les nourrices, ainsi que l'avait fait M. Baragnon. Je ne parlerai pas des avantages qu'il y aurait à créer dans chaque département un hôpital spécial pour les enfants trouvés, hôpital dans lequel il y aurait des chambres réservées pour les enfants payants ; de la nécessité d'employer plus fréquemment les bains de mer en faveur des enfants scrofuleux ou débiles. On ne verrait pas alors un si grand nombre de malheureux traînant du berceau à la tombe, à travers des infirmités de toute espèce, une vie qui leur est à charge et qui grève plus qu'on ne pense nos hôpitaux.

L'idée de créer cet hôpital allait avoir sa solution, et l'Hôtel-Dieu de Villefranche était désigné, quand, à l'improviste, M. Baragnon reçut son changement.

Je dirai encore avec tous les médecins qui se sont occupés de cette grave question, et avec le docteur Brochard :

« Les fonctions d'inspecteur des enfants trouvés sont des
« fonctions médicales qui doivent toujours être confiées à des
« médecins et non à des hommes étrangers à l'hygiène du
« premier âge. Que l'on opère cette réforme, et les décès de
« ces petits êtres ne s'élèveront plus comme aujourd'hui à
« CINQUANTE MILLE par an, chiffre horrible quand on pense que
« ces enfants sont élevés par les soins de l'administration.
« Ainsi seront sauvegardés, tout à la fois, les intérêts du
« budget et surtout les intérêts de la morale et de l'huma-
« nité. »

Il ne suffit pas d'avoir des médecins inspecteurs des enfants assistés, il faut avoir les moyens d'avoir de bonnes nourrices sous tous les rapports, et pour ce, il faut les payer convenablement pour avoir le droit d'être exigeants. Comment veut-on avoir une bonne nourrice avec six, sept ou huit francs par mois, sur lesquels des percepteurs s'arrogent le droit de faire une retenue pour eux. A quoi servent ces six cents francs réservés tous les ans, sans doute pour indemniser des *meneurs* ou des *meneuses*, somme qu'on voit figurer tous les ans dans les comptes des Conseils généraux de certains départements ? Je me suis demandé souvent à quoi peut servir cette dépense occulte ? Ne serait-il pas temps qu'on y mît un terme et que cette somme, si peu importante qu'elle soit, fût applicable à des services réels ?

M. Viellard, de Bois-Martin, inspecteur général des hôpitaux, venu à Rodez en 1863 pour visiter nos établissements, m'apprenait que la commission des inspecteurs généraux avait hautement approuvé mes idées et que les médecins nommés auparavant inspecteurs des enfants assistés, par exception, étaient devenus la règle générale, à preuve, me disait-il, qu'ayant eu à nommer dans ces derniers temps huit inspecteurs, sept médecins avaient été chargés de ces fonctions.

Les inspecteurs généraux avaient sans doute compté sans la bureaucratie; aussi voyons-nous que *sur 87 inspecteurs départementaux, 19 seulement* sont docteurs en médecine.

Voici, d'après une lettre insérée dans l'ouvrage : *la Vérité sur les enfants trouvés,* la condition imposée à un médecin nommé sous-inspecteur des enfants assistés.

« Ainsi, après avoir exercé la médecine pendant plusieurs « années, j'ai pu entrer sous-inspecteur à l'administration, « mais *à la condition que je n'exercerais pas la médecine,* « *même auprès des enfants de l'administration.* »

On croit rêver quand on lit une telle lettre. Une nation qui voudrait se débarrasser de tous ses enfants trouvés, dit avec trop de raison le docteur Brochard, n'emploierait pas d'autre moyen que de priver du secours de la médecine ces petits êtres, lorsqu'ils sont par hasard à même de les recevoir.

L'excellent travail publié par le courageux et savant docteur Brochard, sous le titre de *la Vérité sur les enfants trouvés,* révèle bien des misères, bien qu'il ne soulève qu'un coin du voile qui cache le tableau, et le mal n'est qu'entrevu. On n'en connaît, disait M. Husson, directeur de l'assistance publique, ni l'étendue ni la profondeur.

Qu'on nomme pour inspecteurs et sous-inspecteurs, quand besoin sera, des médecins qui ne dépendent pas des préfets ou, pour mieux dire, des chefs de bureau, on verra combien le mal est profond, combien il est urgent d'y porter remède; et alors seulement les vœux des personnes qui prennent au sérieux, comme M. Brochard, les devoirs qu'imposent la science et l'humanité, seront exaucés.

Extinction de la mendicité.

Le 12 juin 1858, je recevais de M. le préfet Baragnon la lettre suivante :

« J'ai l'honneur de vous informer que par arrêté en date « de ce jour, je vous ai désigné pour faire partie d'une com- « mission que j'ai instituée à l'effet d'examiner toutes les « questions relatives à l'extinction de la mendicité et aux « établissements de bienfaisance.

« Je ne doute pas que vous acceptiez avec empressement « ce mandat qui vous mettra à même de prêter à l'adminis- « tration le concours de vos lumières et de votre expérience. »

Cette commission, composée de M. le préfet, président, MM. Roche, secrétaire général, vice-président, Sabathier, vicaire général représentant l'évêque, de Saunhac, vice-président du tribunal, de Verot, procureur impérial, du commandant de la gendarmerie, du maire de la ville, de l'inspecteur des enfants assistés et de moi, se réunissait peu de jours après.

La première question soulevée avait trait à l'extinction de la mendicité.

Des opinions furent émises par plusieurs des membres et discutées, sans s'arrêter à aucune. J'eus l'honneur d'exposer et de soumettre à l'approbation de la commission mes vues sur cette grave question, vues qui ne m'appartenaient pas entièrement et dont je fis connaître l'auteur. La commission approuva mes idées, et un membre, qui depuis 25 ans faisait partie des commissions hospitalières, dit hautement : « J'avais « toujours regardé l'extinction de la mendicité comme une « utopie, maintenant je la comprends. »

Comme cette grave question a été maintes fois mise à l'étude, et en dernier lieu par la commission d'enquête sur l'assistance publique dans les campagnes, formée au sein de l'Assemblée nationale, je crois devoir entrer dans quelques détails.

La première question qui se présente est de savoir si tous les pauvres qui demandent l'aumône ont des droits à l'assistance publique ; de là deux catégories, les *bons* pauvres et les *mauvais* pauvres. La religion, l'humanité, le repos de la société font un devoir de venir en aide aux premiers, tandis que les seconds, qu'il faut diviser en deux classes, doivent être l'objet de poursuites incessantes pour en délivrer le pays. Dans cette classe, je mets ceux qui, par fainéantise, par ivrognerie ou autres vices, demandent le pain de l'aumône et en font une spéculation, alors que leur âge et leur santé leur permettraient de vivre avec le produit de leur travail, ainsi que ceux qui simulent des infirmités et qui, par amour du lucre et absence de tout sentiment honorable, vont demander l'aumône alors qu'ils sont en position de la faire.

Pour bien connaître et distinguer les *bons* pauvres des *mauvais* pauvres, qui sont presque toujours des vagabonds dangereux pour la société, qui deviennent quelquefois des voleurs de la pire espèce, je demanderais que les conseils municipaux de toutes les communes fussent convoqués et qu'on leur adjoignît les curés, les instituteurs et plusieurs personnes honorables, de manière que tous les villages et hameaux de la commune y fussent représentés.

Une liste de toutes les personnes ayant besoin du secours de l'aumône, avec leur nom, prénom, âge, domicile, mariés, veufs avec ou sans enfants ou célibataires, avec la désignation si elles ont des infirmités apparentes ou cachées, avec la position de leurs ascendants ou descendants, serait dressée, et le conseil municipal, ainsi formé, serait appelé à délibérer si elles ont ou non des droits à la charité publique.

Dans l'affirmative, elles recevraient le droit de demander l'aumône dans toute l'étendue *de la commune*. Je dis *de la commune* et non ailleurs, car dans le cas contraire, l'institution croulerait par la base.

Un certificat serait délivré à chacune des personnes; et une médaille portée d'une manière apparente, avec les mots *indigent* et le *nom de la commune* leur serait délivrée.

Dans le cas où une épidémie ou une grêle ravageraient la commune, un arrêté du préfet pourrait seul leur permettre d'aller mendier dans une autre commune qui serait nominativement désignée.

Par ce moyen simple, que l'on doit au pape Léon XII, les véritables pauvres seraient seuls secourus, et ils y auraient d'autant plus de droits qu'ils seraient connus et que leur médaille leur servirait de certificat.

Cette innovation diminua d'un grand tiers le nombre des mendiants à Rome. Importée en France par l'évêque de La Rochelle, Mgr Villecourt, et dans quelques parties de la Bretagne, notamment à Fougères, le nombre des mendiants diminua de moitié en peu de temps.

Ce mode de classer les indigents serait d'autant plus avantageux dans ce pays, que la charité revêt souvent dans nos campagnes les formes de l'hospitalité antique, et qu'il suffit qu'un mendiant se présente à une ferme pour qu'il soit bien accueilli, même alors que son âge et sa santé paraissent lui permettre de travailler, car dans ce cas on est porté à croire qu'il a une maladie ou infirmité cachées.

Comme on le voit, tout contribue à favoriser les mauvais pauvres et les vagabonds.

A cette première organisation, qui diminuerait d'autant plus le nombre des pauvres, en ce qu'elle rappellerait par la médaille certaines familles à des sentiments de pudeur et que quelques-uns, avant de la porter, tâcheraient de ne pas en avoir besoin, se joindrait une œuvre secondaire que j'appellerais *l'œuvre des familles*.

Il ne serait pas rare de voir des villages, des hameaux ne voulant pas avoir de mendiants dans leur sein, se cotiser pour fournir en nature à ceux qui en auraient besoin le nécessaire, à la condition expresse de ne pas mendier. Si leur grand âge ou leurs infirmités exigeaient des soins particuliers, le département, la commune, ou les sacrifices que s'imposeraient les mêmes familles pourraient les faire entrer dans l'hôpital-hospice cantonal dont j'ai parlé dans mon travail sur les hôpitaux.

Resteraient les *mauvais* pauvres qui, en se livrant au vagabondage, sont plus dangereux qu'on ne pense. Privés de la médaille, on ne ferait aucune difficulté de leur refuser le pain de la charité, soit qu'ils fussent de la commune ou étrangers.

La gendarmerie et les gardes-champêtres auraient ordre de les arrêter et de les amener au dépôt de mendicité, qui serait le complément de cette institution, pour détruire, sinon enrayer la mendicité.

Mes propositions ayant été acceptées, M. le préfet me faisait l'honneur de m'inviter à aller avec lui et quelques autres membres à l'hôpital pour voir le local qui pourrait être affecté aux vagabonds qui mettent leur indigence, ainsi que l'a dit M. de Gerando, sur le compte de l'adversité, alors qu'elle n'est que le produit de leurs vices.

Le local désigné, ainsi que les conditions d'entretien, furent acceptés. Les détenus devaient vivre en commun, mais défense devait leur être faite de chanter et surtout de jouer. Les récidivistes devaient subir le système cellulaire et n'avoir tous les jours qu'une soupe et mis au pain et à l'eau. Quant à ceux qui avaient mendié par spéculation, pouvant se suffire à eux-mêmes, ils devaient être traduits devant les tribunaux, et l'amende qu'ils auraient encourue comme voleurs des véritables pauvres devait être attribuée au dépôt de mendicité.

Une somme de deux mille francs devait être demandée au Conseil général ; elle le fut; et la proposition fut acceptée.

Peu de temps après, M. Baragnon reçut son changement, et de tout ce qui avait été convenu il ne resta que le dépôt, où la commission ne trouva que des *idiots*, des *vieillards* et des *infirmes*, dont la place était à l'hospice, mais non dans une maison de répression.

Le dépôt sur lequel j'eus à m'expliquer dans une des brochures dont j'ai parlé cessa d'exister pendant quelque temps. Il fut réouvert plus tard, mais dans les conditions où il est il ne peut faire d'autre bien que de procurer, aux dépens du département, des pensionnaires inoffensifs à l'hôpital général.

Telle n'était pas sa destination quand il fut créé sous Louis XIV.

École d'accouchements.

Sans remonter plus loin, je dirai que *l'assemblée provinciale de la Haute-Guienne*, reconnaissant la nécessité de pourvoir cette province de sages-femmes, créa pour le Rouergue deux écoles, l'une à Villefranche, l'autre à Rodez, ayant pour professeurs, la première, M. Delpech, la seconde, M. Maisonabe. Fermées pendant la Révolution, celle de Rodez se réouvrit en l'an VIII avec M. Amiel pour professeur.

Celui-ci étant mort en 1826, il fallut le remplacer, et M. Bourguet allait être nommé quand le docteur Rogery, de St-Geniez, fit observer à ce préfet que l'opinion publique verrait avec peine qu'un ancien chirurgien-major de régiment, jouissant depuis vingt-cinq ans de la confiance des meilleures maisons, M. Lacalmontie, fût mis de côté.

Ainsi fut nommé ce dernier, bien que M. Bourguet, qui avait professé par intérim pendant la maladie de M. Amiel, l'eut vivement sollicitée.

Il avait été d'ailleurs pourvu de quatre emplois au début de sa carrière, par droit d'hérédité.

Le cours d'accouchement fut fermé en 1847, et le nombre des sages-femmes était descendu à *soixante* en 1858, alors qu'il en faut au moins *cent quarante* pour que tous les postes soient occupés. Ainsi, *seize* chefs-lieux de cantons sur les *quarante-deux* dont se compose le département en étaient totalement dépourvus, l'arrondissement d'Espalion, si vaste, si accidenté, ayant neuf cantons et 64,577 habitants, n'en avait que *cinq !* dont deux très-âgées.

Ce fut en présence d'une telle pénurie de sages-femmes, qui se traduisait tous les ans en la mort de plusieurs centaines de femmes et d'enfants livrés *à des matrones*, que je soumis à M. Baragnon, alors préfet de l'Aveyron, l'idée de réouvrir cet établissement.

Le Conseil général approuva la proposition de M. Baragnon, une somme de trois mille francs par an fut votée pour indemnité aux élèves et l'entretien des femmes ou filles enceintes. Nommé professeur, je désignai comme pharmacien M. Albenque, de même que j'avais fait nommer M. Galy pharmacien de l'asile St-Cyrice.

Sous mes prédécesseurs, l'élève qui se recommandait le plus par son aptitude et son intelligence était nommée par le professeur *chef de salle* et devait en cette qualité habiter la maison affectée à la maternité et au cours d'accouchements. Elle recevait provisoirement les femmes ou filles qui se présentaient.

Les élèves, au nombre de dix (deux par arrondissement), se nourrissaient, se logeaient à leur convenance, recevant chacune d'elles une subvention de 25 francs par mois et devaient assister au cours qui se faisait cinq fois par semaine et aux accouchements.

Il ne me fut pas difficile de voir que cette organisation laissait beaucoup trop à désirer et que le but que s'était proposé l'administration ne pouvait être atteint.

Je soumis à M. le préfet l'idée de mettre une sage-femme pour faire tous les jours la répétition des leçons du professeur, pratiquer les accouchements en son absence et maintenir l'ordre dans la maison. Mlle Puech, sage-femme de la maternité de Montpellier, fut nommée et mise par un arrêté du 20 octobre 1859 *sous ma direction et ma surveillance.*

Des examens pour la réception des élèves eurent lieu en octobre, sous la présidence de M. le préfet. Les pièces exigées étaient un certificat de bonne vie et mœurs, ainsi qu'un extrait de naissance constatant que la postulante avait vingt ans accomplis et trente ans au plus. Il suffisait de prouver qu'on savait lire et écrire pour être admise.

Huit élèves à pension entière, quatre à demi pension furent reçues, et le cours commença dans les premiers jours de novembre pour se continuer jusqu'au 1er mai.

Voyant tous les inconvénients qui résulteraient de l'admission d'élèves sages-femmes dénuées de toute ressource, qui ne pourraient qu'à grand'peine plus tard payer les modiques frais de réception et attendre la clientèle, je soumis à M. le préfet l'idée de ne leur donner que 20 francs par mois, ayant à payer 4 francs pour le complément de leur entretien.

Les élèves, nourries dans la maison moyennant une pension de 24 francs par mois, étaient donc pensionnaires, à l'exception de celles de la ville, et logeaient toutes ensemble dans la même maison. Entrant dans l'établissement à six heures en été, à sept heures en hiver, elles n'en sortaient qu'à neuf heures du soir, pourvu toutefois qu'un accouchement ne dût pas avoir lieu dans la nuit; toute la journée était divisée en exercices, études ou récréations.

Le règlement intérieur, qui entrait dans mes attributions, fut soumis au préfet et à la commission de surveillance, qui voulurent bien l'adopter.

Ainsi j'étais certain de l'assiduité des élèves au cours, aux répétitions et aux accouchements, et il n'était plus permis de dire que beaucoup d'accouchements s'étaient faits en leur absence.

Il n'y avait pas quinze jours que j'étais entré en fonctions quand j'appris que ma nomination avait vivement contrarié quelques personnes, et qu'on avait résolu de rendre par tous les moyens ma position impossible, dût-on compromettre l'existence de ce nouvel établissement, et je ne tardai pas à m'en apercevoir.

L'intelligence des élèves me donna l'idée de prolonger le cours jusqu'au mois d'août, espérant qu'elles pourraient se présenter aux examens en septembre, à Toulouse, pour obtenir leur brevet.

Je fis une proposition à M. Baragnon à cet égard; elle fut acceptée, et huit élèves, sur les douze qui étaient à l'école, continuèrent leurs études sans recevoir d'indemnité. Cette prolongation en dehors de mes engagements fut gratuite, ayant offert de faire le cours sans traitement jusqu'à la mort de mon prédécesseur, qui avait une pension de retraite.

Dans les premiers jours de mai 1860, M. Baragnon fut remplacé par M. Demonts.

Le 15 mai, mourut mon excellent et si respectable prédécesseur, le docteur Lacalmontie, et je reçus, le 24, l'invitation de me rendre à la préfecture, afin de procéder à mon installation.

Je fus bien surpris, en voyant le mandat que je recevais pour la première fois, subissant une réduction de neuf jours, alors que j'avais continué mon cours pendant trois mois en dehors de mes engagements.

Ce procédé me surprit un peu, mais ce qui m'étonna bien davantage, c'est que le titre de *directeur*, qui m'avait été donné dans toutes les lettres venant de la préfecture sous M. Baragnon et pendant les premiers temps de l'administration de M. Demonts, fut supprimé tout à coup, et je ne fus plus qualifié que de *professeur du cours d'accouchement* ou de *médecin de la Maternité.*

L'examen des élèves eut lieu le 19 juillet, et sur ma demande si la salle de la Maternité devait rester ouverte pendant les vacances, il m'était répondu : « En ce qui concerne la « salle de la Maternité, rien ne s'oppose à ce qu'elle reste « ouverte après la suspension du cours d'accouchement. La « situation du crédit affecté à cette dépense le permet. »

Dans les premiers jours d'août 1860, je publiais un rapport au préfet et au conseil général *sur les institutions charitables créées dans ces derniers temps avec leur concours,* et je demandais que la subvention pour le cours d'accouchement et la Maternité fût portée de trois à cinq mille francs pour avoir les moyens d'avoir une maison plus vaste, plus aérée, pouvant loger les élèves et recevoir un plus grand nombre de femmes ou filles enceintes.

M. Demonts demanda six mille francs, qui furent accordés par le Conseil général.

Les *huit élèves* qui avaient continué à suivre le cours se rendirent à Toulouse dans les premiers jours d'octobre pour obtenir le brevet.

Peu de jours après, le bruit se répandait en ville qu'elles avaient toutes échoué et que M. le préfet était indécis de laisser le cours d'accouchement se réouvrir. J'étais d'autant plus surpris de l'insistance qu'on mettait à propager ce bruit, qu'une dépêche télégraphique m'annonçait que toutes mes élèves avaient été reçues.

Le 14, je recevais de M. Laforge, professeur d'accouchement à l'école de médecine de Toulouse, la lettre suivante :

« Mon très-honoré collègue,

« Je viens de lire la brochure que vous nous avez fait « l'honneur de nous envoyer, et je m'empresse de vous féli- « citer des heureux résultats que vous avez obtenus par « l'organisation de l'école d'accouchement établie à la Mater- « nité de Rodez.

« J'ai été très-satisfait de vos élèves, et mes collègues ont « partagé ma satisfaction. Elles se sont placées en première « ligne par leur instruction, leur jugement et leur intelligence; « c'est à votre bonne méthode d'enseignement qu'elles doi- « vent les connaissances dont elles ont fait preuve. Ce résultat « est favorable au mode que vous avez institué pour votre en- « seignement et sur lequel vous donnez, dans votre travail « imprimé, des renseignements très-précis. »

Je me rendis à la préfecture pour faire part à M. le secré- taire général, en l'absence du préfet, du succès obtenu, et pour le prier en même temps de faire connaître, par la voie du *Moniteur de l'Aveyron*, le jour des examens pour la ré- ception des nouvelles élèves, le cours devant s'ouvrir à nou- veau en novembre. M. Roche prit note de ma demande et promit qu'elle allait être envoyée au rédacteur pour être in- sérée dans le plus prochain numéro du journal.

Le 23 octobre, voyant que les notes n'avaient pas été pu- bliées, j'écrivis encore à M. le secrétaire général. Pas de ré- ponse, rien dans le journal.

Le 31 octobre, je recevais, comme membre de la commis- sion, une lettre me convoquant pour assister, le 3 novembre, à l'examen qui devait avoir lieu.

Quel ne fut pas mon étonnement, ainsi que celui des mem- bres de la commission, en voyant les aspirantes peu nombreu- ses, et surtout ce qui, dans leur attitude, laissait à désirer, alors que les lettres que j'avais reçues pour me demander à quelle époque auraient lieu les examens me prouvaient que mes futures élèves ne le céderaient pas à celles qui avaient terminé leurs études. Les examens furent pitoyables, et un membre de la commission disait hautement : *Il n'était pas besoin de demander au Conseil général six mille francs pour obtenir un tel résultat.*

Je parlai alors du silence gardé au sujet des examens, par suite de l'absence de la plupart des postulantes, et enfin de notre succès à Toulouse, à l'encontre du bruit répandu.

Quatre des aspirantes furent admises ; il fut question d'un nouvel examen pour le 14 novembre, mais cette idée fut abandonnée ; on se contenta d'annoncer l'admission des nouvelles sage-femmes et l'ouverture du cours.

Peu de jours après nous n'eûmes que l'embarras du choix ; six furent reçues individuellement, ce qui, avec les quatre élèves qui avaient déjà fait six mois et les quatre reçues peu de jours auparavant, éleva le nombre à quatorze, les unes à demi-bourse, les autres à bourse entière.

Il fut question du logement des élèves ; j'indiquai deux maisons qui parurent convenir beaucoup à la commission. M. Demonts parla d'une autre, contiguë à l'Hôtel-Dieu par le jardin, située dans une rue généralement pauvre et populeuse, alors que celles que j'indiquais étaient isolées.

On n'a pas oublié que M. Demonts avait voulu que la Maternité restât ouverte pendant les vacances, que nous allions avoir au 1er janvier six mille francs au lieu de trois, et que nous avions quatre élèves ayant fait une première année.

Lettre du préfet, du 5 décembre, suspendant toute admission de femmes enceintes dans la salle de la Maternité. Nouvelle lettre du 22, en réponse à celle que j'ai écrite le 21, pour me réitérer celle du 5, disant qu'il y a un déficit de 172 francs, parce qu'il a fallu acheter quatre nouveaux lits. Défense en même temps au pharmacien de fournir des remèdes.

Nous n'avions pas eu d'accouchements depuis l'ouverture du cours, nous étions en 1861 avec six mille francs. Je parlai à M. Demonts de l'urgence d'avoir des moyens d'instruction pratique, de l'avantage qu'il y aurait à faire connaître, par la voie du *Moniteur de l'Aveyron*, l'existence de la maternité, et le 7 janvier il m'était répondu : « Je ne crois pas nécessaire de

« faire appel, par la voie des journaux, ainsi que vous me le « proposez, aux filles enceintes pour les engager à venir faire « leurs couches à la maternité. *Le nombre des admissions « sera assez considérable pour l'instruction pratique de « vos sages-femmes.* »

Dans une autre lettre du 12 janvier, il me disait : « Bien « que le crédit ouvert au budget de 1861 ait été considérable- « ment augmenté, la dépense ne doit pas être plus forte qu'en « 1860. »

Je fis part à M. de Nogaret, président de la commission et conseiller de préfecture, de toutes ces mesures, qui rendaient le cours impossible, et il m'était répondu : « Arrangez-vous « comme vous pourrez cette année, M. Demonts veut orga- « niser à sa manière cet établissement, et jusqu'à ce que ce « soit fait, il n'y portera aucun intérêt. Je lui ai proposé d'aller « avec lui ou avec la commission voir ce qui en est; il n'a pas « voulu, et j'ai cru même entrevoir qu'il ne se soucie pas que « j'y vienne. »

Dans le courant de ce mois, M. Demonts faisait appeler la sage-femme-chef pour lui dire qu'il trouvait trop élevé le prix de 24 francs par mois pour la nourriture des élèves, et qu'il voulait qu'il fût réduit à 20 francs. La sage-femme refusa, attendu qu'elle pouvait à peine joindre les bouts, ce qu'on conçoit aisément.

Dès ce moment, il laissa toute liberté aux élèves de sortir de l'établissement, de se nourrir et de se loger comme elles l'entendraient.

Je ne parlerai pas de la perturbation que cette mesure inqualifiable jeta dans l'organisation du cours. Les élèves studieuses se logèrent le plus près possible, les autres se disséminèrent dans tous les quartiers de la ville. Plus d'études régulières; les leçons et les répétitions surtout n'étaient suivies que très-imparfaitement, tantôt sous un prétexte, tantôt sous un autre. Je ne parle pas des accouchements; on pouvait bien appeler celles qui étaient logées à côté, et je dois le dire, c'était le plus grand nombre, mais il eût fallu plusieurs émissaires pour aller convoquer celles qui étaient éloignées.

Mon traitement comme professeur était de 600 francs, mêmes honoraires qu'avaient mes prédécesseurs il y a cinquante ans ; alors que le cours ne durait que six mois. Celui de la sage-femme était de 500 francs. M. Demonts exige que le cours dure neuf mois sans augmentation du traitement.

Le cours s'achève ; nous avons eu moins d'accouchements que l'année précédente, alors que nous avions quatorze élèves au lieu de dix, et l'organisation opérée par M. Baragnon était détruite.

La salle de la Maternité, restée ouverte pendant les vacances alors que nous n'avions que 3,000 francs de subvention, fut fermée par ordre, ce qui ne pouvait qu'être très-préjudiciable.

Dans les premiers jours d'octobre, les élèves se rendirent à Toulouse, et *treize* sur *quatorze* furent admises ; mais les examinateurs, trouvant que le nombre des accouchements n'avait pas été assez grand pour leur instruction pratique, il fut décidé *que dorénavant les élèves de Rodez ne seraient admises qu'après deux années de cours.*

M. Demonts s'était applaudi devant le conseil général d'avoir économisé dix-huit cents francs, en refusant, malgré mes demandes réitérées, de recevoir des femmes enceintes. Voilà le résultat qui allait coûter tous les ans trois mille francs au département, sans compter le retard pour fournir de sage-femmes les cantons qui n'en avaient pas.

Les examens pour la réception des nouvelles élèves eurent lieu le 3 novembre. Huit bourses entières et deux demi-bourses furent seules accordées, alors que de tout temps il y avait eu dix bourses et que les postulantes ne manquaient pas ; et l'ouverture du cours fut renvoyée au 18, pour donner le temps de mettre la nouvelle Maternité en état de recevoir les élèves et les femmes enceintes,

Enfin parut, dans les premiers jours de décembre, cette organisation nouvelle dont m'avait parlé M. de Nogaret.

La sœur Euphrasie, supérieure de l'Hôtel-Dieu, est nommée *directrice de l'école d'accouchements et de l'hôpital de la maternité,* chargée en même temps de la nourriture des élèves, des femmes enceintes et des autres dépenses.

Ainsi, de par M. Demonts, nous avions déjà une sœur institutrice, *directrice* de l'hôpital ou asile St-Cyrice, nous avons une autre sœur *directrice* de l'école d'accouchement et de la maternité.

On n'a pas oublié que ce magistrat économe désorganisa le cours parce que la sage-femme refusa de pourvoir à l'entretien des élèves moyennant *vingt francs* par mois.

Il donne aujourd'hui *trente-trois francs cinquante centimes* à la sœur Euphrasie, directrice.

Les femmes enceintes étaient entretenues moyennant *trente francs* par mois; la nouvelle directrice recevra *trente-trois francs.* Une sœur surveillante, chargée de donner des leçons de lecture et d'écriture, en place de la sage-femme, qui recevait *soixante francs* par an, recevra *quatre cent cinquante francs.*

Nous avions *dix* bourses, nous n'en aurons plus que *neuf*, et la demi-bourse, au lieu de *douze francs* par mois, coûtera seize francs soixante-quinze centimes.

On a vu combien M. Demonts était âpre sur la question des remèdes; il voulait que j'en donne le moins possible et parmi les moins coûteux. La moyenne n'avait pas dépassé *quarante francs*, leur chiffre fut porté à *cent cinquante.*

Nous avons un mobilier neuf, cela n'empêche pas que son entretien s'élève à *quatre cents francs.*

Pour complément de ce mobilier, alors que ce même M. Demonts a refusé *soixante francs* pour l'achat des planches coloriées de Moreau sur les accouchements, ouvrage qui nous est indispensable, le chiffre s'élève à *six cent soixante-huit francs.*

Pour dépenses imprévues ou pour achat de menus objets dont nous n'avions nul besoin ou que la sage-femme n'avait pas portés en compte, tels que *fil, aiguilles, balais, allumettes, savon, corde, coton cardé, deux cents francs.*

Telle fut la nouvelle organisation de l'école, produit de la haute intelligence de ce préfet. Voulant faire acte d'autorité, la directrice exigea que la sage-femme ne logeât plus dans la maison et ne pût y entrer que pour faire les accouchements ou la répétition des leçons ; élèves et surtout femmes enceintes étaient, dès lors, livrées à elles-mêmes.

Une sœur nous arrivait de Nevers comme surveillante et pour donner des leçons de lecture et d'écriture aux élèves. Peu de jours après, une fille, venue du dehors avec les douleurs, n'avait pas le temps de monter à la salle et s'accouchait dans l'escalier, en présence des élèves qui étaient de première année. Heureusement, la sage-femme arriva en même temps que la directrice et la sœur surveillante.

« *Je ne suis pas entrée en religion pour être témoin de telles choses,* » s'écrie-t-elle, paroles sages qu'on ne saurait assez recommander à certaines personnes, qui vont plus loin encore, et qui ne peuvent que nuire aux sœurs hospitalières par leurs prétentions extravagantes, et le soir même, bravant les menaces de la directrice, elle prend le chemin de fer.

Le lendemain on nous donnait une sœur *reposante*, âgée d'environ 80 ans, pour surveiller et donner des leçons d'écriture et de lecture, toujours à 450 fr. pour six mois ou bien 900 fr. par an.

La sœur Euphrasie, voulant sans doute en imposer aux élèves, leur disait : *Sachez bien que je suis à la tête de cet établissement, que tout est ici sous mes ordres, que j'ai toute la confiance de M. le Préfet et que je ferai chasser celles dont je pourrai avoir à me plaindre, que tout le monde le sache et se le tienne pour dit.*

Un mois ne s'était pas écoulé, que les murmures éclatèrent sur la mauvaise alimentation et son insuffisance. Les plaintes devinrent plus vives, plusieurs allèrent trouver des membres de la Commission. Ces messieurs se rendent, à l'improviste, à la Maternité ; on interroge les élèves. La directrice envoie sa démission.

Peu de jours après, M. Demonts recevait son changement. Peu d'hommes m'ont laissé un si triste souvenir. D'une médiocrité peu ordinaire, il tranchait toutes les questions avec un aplomb imperturbable. Joignez à cela une dureté de cœur qui le rendait impitoyable à l'égard des filles-mères, quelle que fût leur position.

Pour donner une idée de l'administration de ce magistrat, il me suffira, je pense, de donner les appréciations que je trouve dans une lettre du 18 juillet 1860, car j'en ai d'autres à l'appui.

M. Demonts avait la prétention de trouver des nourrices à *cinq francs* par mois, car, disait-il, « les mères qui moyen-« nant une légère rétribution consentent à remplir les devoirs « de la maternité, sont aussi celles qui s'imposent plus de « travail, de privations et d'économies. »

Comment trouvez-vous cette générosité à l'égard des pauvres femmes qui s'imposent de pareils sacrifices, alors qu'elles n'ont ni feu ni lieu?

Un nouveau préfet, M. Boby de la Chapelle, nous arrive. Il me demande un rapport sur le cours d'accouchement et l'hôpital de la maternité. Peu de jours après je lui présentai ce rapport contenant tous les renseignements qu'il pouvait désirer.

Je disais qu'une subvention de 4,600 fr. était suffisante en revenant à l'organisation de M. Baragnon, alors qu'on demandait 6,000 fr. Les explications qu'il me demande et que je lui donne lui paraissent si satisfaisantes qu'il casse les arrêtés de son prédecesseur et revient à l'ancienne organisation, à peu de chose près. Mais, à mon grand étonnement, je recevais une lettre, le 15 mars, de M. Boby, m'annonçant qu'il a nommé Mme Roquette, sage-femme-chef, directrice de l'école. Je lui rappelle que j'ai été toujours *directeur*, que la sage-femme a été nommée sur ma proposition et mise *sous ma direction et ma surveillance*. (Arrêté du 18 octobre 1859.)

Ce magistrat, qui a toutes les allures d'un baronnet anglais et toute l'intelligence, ne comprend pas. Il me dit que je ne suis que professeur et médecin. A côté de *vous*, il y a une *directrice* pour le service moral et matériel ; au-dessus, une Commission de surveillance. D'après lui, les *supérieures* des hôpitaux sont *directrices*.

Tout cela ne l'empêchait pas de m'écrire « qu'il tenait à la « stricte exécution de tous les réglements, n'examinant pas « pour le moment s'ils sont parfaits, et que c'était là la vraie « justice. »

Il prétend que je n'ai jamais été *directeur*, alors que je parle de nombreuses lettres des préfets me donnant ce titre, lettres que j'ai à sa disposition.

Le 15 mai 1863, M. Boby de la Chapelle écrivait au président de l'association médicale la lettre suivante :

« Vous savez que le service de la maternité et de l'école « d'accouchements a éprouvé, dans ces derniers temps, de « graves embarras. Je recherche les moyens de l'améliorer ou « de le réorganiser sur de nouvelles bases, et je désirerais « avoir l'avis de personnes compétentes.

« Je saurai beaucoup de gré à la Société de vouloir bien « me faire connaître son avis, sur cette question, avant la « session du Conseil général. »

Peu de temps auparavant, un membre de la Commission, M. Micault de Lavieuville, ancien directeur des Contributions directes, m'écrivait de Cransac, où il s'était retiré momentanément auprès de son fils, pour me recommander une femme qui venait pour se faire soigner à l'asile Saint-Cyrice d'une maladie d'yeux, et il terminait ainsi sa lettre :

« Votre Maternité va-t-elle toujours clochant? Vous donne-« t-elle encore autant de soucis? Je voudrais bien vous voir « parfaitement tranquille et débarrassé de toute tracasserie à ce « sujet. On devrait être assez juste pour reconnaître les grands « services que vous avez rendus à ces deux établissements. »

En quoi l'organisation de cet établissement est-elle défectueuse? Quels sont les graves embarras éprouvés en dernier temps? Telles étaient les réflexions que se firent la Commission et la plupart de mes confrères de Rodez.

Avant de parler de cette nouvelle phase de la conspiration, qui a pour aide un employé de la préfecture, je dois faire connaître la position du corps médical de Rodez au point de vue administratif et de l'association médicale par rang d'âge ou de réception.

1° M. Marion, vice-président de l'association, n'a pas de place de l'administration.

2° M. Tissandier, membre de l'association, est médecin de l'école normale et du dépôt d'étalons.

3° M. Bourguet, trésorier de l'association, est : 1° chirurgien en chef de l'hôpital ; 2° de l'hôtel-Dieu ; 3° médecin des prisons ; 4° inspecteur des filles de la police ; 5° médecin de ces mêmes filles à l'hôpital ; 6° conservateur de la vaccine ;

7° inspecteur d'une circonscription des pharmaciens du département; 8° médecin de la garnison en l'absence du médecin militaire.

4° M. Viallet est : 1° médecin de l'asile Saint-Cyrice ; 2° professeur du cours d'accouchement à l'hôpital de la maternité.

5° M. Rosier, président de l'association médicale est : 1° médecin de l'hôpital ; 2° de l'hôtel-Dieu ; 3° du lycée ; 4° des épidémies ; 5° membre du Conseil de révision, dont il cessa de faire partie après l'inspection de Villefranche, en 1852 ; 6° médecin certificateur des employés.

6° M. Bonnefous, membre de l'association médicale.

7° M. Coc, membre de l'association médicale : 1° médecin de l'asile des sourds-muets ; 2° médecin suppléant de l'asile des aliénés.

8° M. Seguret, secrétaire de l'association médicale : 1° médecin suppléant du lycée ; 2° inspecteur d'une circonscription des pharmaciens du département.

9° M. Albespy, membre de l'association médicale.

10° M. Combes-Valéry, membre de l'association médicale, est médecin-directeur de l'asile des aliénés.

M. le docteur Lala et moi ne faisons pas partie de l'association.

Dès que MM. Marion, Tissandier, Coc et Albespy connurent cette lettre, dont les instigateurs, ainsi que le but, leur étaient connus depuis longtemps, ils envoyèrent leur démission de membres de l'association, par lettres fortement motivées, à M. Bourguet, trésorier, avec invitation d'en donner lecture à la première réunion.

M. Bonnefous n'envoie pas sa démission, mais s'abstiendra de paraître aux séances où cette question sera agitée.

Restent donc MM. Rosier, *président*, Seguret, *secrétaire*, et Bourguet, *trésorier*, de cette association créée pour *protéger, assister* et *moraliser* le corps médical, si besoin est.

Quatorze médecins, parmi lesquels deux officiers de santé, représentant les cent soixante-huit membres dont se compose le corps médical de l'Aveyron, ou mieux si l'on veut les *soi-*

xante-treize membres de l'association entrent en séance et nomment une commission de six membres pour étudier cette question.

M. Valéry-Combes, qui a compris le but qu'on se proposait, combat cette mesure : *On croirait, dit-il, que vous trouvez que Rodez a trop d'établissements charitables*, et, voyant ses efforts inutiles, il se retire.

Ce ne fut qu'à la fin de la séance, alors que la Commission était nommée, que M. Bourguet *se souvient* qu'il a entre ses mains les lettres de ses quatre confrères démissionnaires.

Il y eut de l'émoi, mais il fut convenu que l'on garderait le silence, dans le procès-verbal, sur cet incident. Ne fallait-il pas pouvoir dire : *que pour couper court d'avance à tout soupçon de partialité, il avait été décidé qu'aucun médecin de Rodez ne ferait partie de la Commission* (1).

Peu de jours après, le 7 juin, un médecin de mes amis m'écrivait la lettre suivante qui m'étonna d'autant plus que son nom ne figurait pas sur la liste des membres présents.

« ..... M. le président nous a clairement déclaré qu'il était « en projet de supprimer l'école d'accouchement, parce que, « dit-on, il n'y a pas à Rodez annuellement un nombre assez « considérable d'accouchements et qu'en conséquence les « élèves sages-femmes n'y peuvent obtenir qu'une instruction « insuffisante sous le rapport pratique. » Et plus loin : « Au « fond, est-ce une batterie dirigée contre vous ? Est-ce une « mesure de finance ? Je l'ignore encore complétement. Tou- « jours, préparez vos exceptions. La grande objection qu'on « fait valoir contre l'école d'accouchement me paraît, tout « bien examiné, plus spécieuse que solide. »

Ainsi, voilà l'association médicale réunie le 25 mai pour répondre à une lettre du préfet, en date du 15 du même mois, et qui se réunira le 14 juillet pour entendre le rapport demandé.

On avouera qu'on ne saurait être plus empressé, mais que penser de cette déclaration de M. Rosier, président de cette

(1) Voir le compte-rendu de cette séance, par M. Séguret, secrétaire.

association, qui tranche cette grave question avant qu'elle ait été étudiée et discutée, et de l'*oubli* du docteur Bourguet, qui avait, dans le temps, sollicité cette fonction, alors que le cours d'accouchement était dans des conditions moins favorables ?

Le 14 juillet 1863, M. Volonzac, rapporteur de la Commission, lit un rapport d'après lequel, toujours à l'*unanimité*, les membres présents délibérèrent « qu'il était indispensable « d'avoir une Maternité fréquentée par un nombre suffisant « de femmes en couche, mais qu'il n'en était pas ainsi, car il « résulte, disait le rapporteur, d'après un *relevé officiel*, que « le nombre des femmes admises n'a été que de 28 en 1860, « de 26 en 1861 et de 29 en 1862.

« Les élèves, ajoutait-il, ne séjournant à la Maternité qu'un « semestre tous les ans, n'ont donc, à la fin de leur cours, « vu que 27 accouchements pendant tout leur cours, ou bien « 13 accouchements tous les ans ; et comme dans leur pre- « mier séjour à la Maternité les élèves ne peuvent voir avec « profit des accouchements, on peut réduire au moins un « quart, et il ne restera qu'une vingtaine d'accouchements en « deux ans pour former à la pratique dix ou douze élèves.

« L'insuffisance du nombre des accouchements avait, dit le « rapporteur, frappé M. Demonts, et de là l'acquisition d'une « maison plus vaste, plus appropriée à la destination ; mais, « hélas ! les prévisions de M. Demonts ne s'étaient pas « réalisées.

« D'où l'assemblée était d'avis qu'il n'y avait que deux « partis à suivre : 1° que l'administration devait prendre des « mesures pour attirer à la Maternité de Rodez un nombre de « femmes en couches de beaucoup supérieur à celui qui y « est ; 2° que dans le cas où on n'aboutirait pas, le départe- « ment devait entretenir trois ou quatre élèves à la Maternité « de Lyon ou de Paris.

« L'Assemblée dit, en outre, que le nombre des sages- « femmes est plutôt trop considérable que pas assez, et que si « elles étaient convenablement réparties, elles pourraient « suffire à tous les besoins, que d'ailleurs, dans ce départe-

« ment, les médecins sont assez nombreux pour répondre à
« tous les besoins de la société.

« Enfin, l'Assemblée, toujours *à l'unanimité*, est d'avis
« que la Maternité seule soit maintenue. »

Cette décision étant rendue publique, je crus devoir y répondre par une lettre que je publiai sous ce titre : *Première lettre à quelques membres de l'association médicale, au préfet et au Conseil général de l'Aveyron au sujet des opinions émises sur le cours d'accouchement et la Maternité de Rodez.*

Cette lettre détruisit, aux yeux du corps médical, du Conseil général et du public, toutes les erreurs et les appréciations de l'association, et le but que s'étaient proposé quelques personnes fut loin d'être atteint, et de là une nouvelle levée de boucliers, en 1864.

On ne lira pas sans quelque intérêt une lettre que je reçus à cette occasion d'un magistrat qui a laissé d'excellents souvenirs dans l'Aveyron.

« De Beaulieu, près Saint-Gilles,
le 25 septembre 1863.

« Monsieur,

« Il y a déjà plusieurs jours que j'ai reçu votre *première*
« *lettre à quelques membres de l'association médicale de*
« *l'Aveyron*, et je vous en remercie.

« Votre lettre, Monsieur, m'a intéressé sous plusieurs rap-
« ports ; d'abord, parce qu'elle m'a fait connaître les résultats
« acquis et ceux qu'on pouvait attendre d'une institution que
« j'avais jugée utile ; ensuite, parce qu'il m'a paru que vous
« réfutiez avec succès d'assez mauvaises critiques.

« Du reste, je reconnais là le zèle avec lequel vous avez
« contribué, sous mon administration, à la création ou au
« développement de plusieurs établissements charitables.

« Vous avez déjà trop vécu, Monsieur, pour ne pas savoir
« qu'on fait rarement le bien impunément : plus on a d'obs-
« tacles à vaincre, plus on éveille de rivalités, de jalousies et
« de petites passions.

« Il faut en prendre son parti et se contenter de la satisfac-
« tion intime que procure toujours une bonne action.

« Je trouve dans votre lettre une preuve du souvenir affec-
« tueux que vous me gardez et auquel j'attache, Monsieur,
« beaucoup de prix.

« Veuillez agréer l'assurance de mes meilleurs sentiments.

« N. Baragnon. »

Ce n'est plus M. Volonzac qui prendra la parole, ni M. Bras, président de la commission ; leur complaisance ne saurait aller plus loin. La plupart des membres qui assistaient à la première réunion s'excusent et ce congrès se compose en grande partie de nouveaux membres qui ignoraient le but proposé, et ne connaissaient pas sans doute ma lettre.

C'est M. le docteur Séguret, secrétaire de l'association, qui prendra la parole, après toutefois que M. le docteur Rosier, qui en est le président, aura dit dans un discours d'ouverture :

« On a osé dire et imprimer que votre décision (au sujet
« du cours d'accouchement), prise avec tant de sagesse et de
« prudence, exprimée avec tant de modération, avait été dictée
« par la jalousie et la partialité ; on a dit que vous aviez fait
« acte de mauvaise confraternité. Je ne vous ferai pas l'injure
« de vous défendre contre de pareilles imputations. »

M. le secrétaire prend à son tour la parole et dit :

« Après le scandale de cette lettre et l'injurieux soupçon
« qu'elle voudrait faire peser sur notre société, il ne nous est
« plus permis de garder le silence. Il importe que la lumière se
« fasse, vive, entière, éclatante. Il faut qu'on sache que, dans
« cette question, l'association des médecins de l'Aveyron (1), en
« répondant à la confiance de l'administration, n'a eu d'autre
« mobile que le bien public et qu'elle a mis dans sa conduite
« l'attention, la réserve et la loyauté qui conviennent à une
« réunion d'hommes qui ont la prétention de porter aussi
« haut que qui que ce soit le sentiment de l'honneur et de la
« dignité. »

(1) Il eût été plus exact de dire : *douze* médecins sur soixante-treize, et les *deux* qui seront investis de mes fonctions.

Après cet exorde, M. le docteur Séguret entre en matière ; il gourmande les médecins de Rodez qui ont envoyé leur démission, dont quelques-unes, dit-il, sont regrettables et que j'ai fait connaître. Il serait bon de savoir de quel droit, ce jeune homme a la prétention de se faire juge de la valeur morale et intellectuelle de ses confrères.

« Ils n'ont pas songé, dit-il, à tout ce qu'une retraite opérée « dans ces circonstances aurait de blessant pour les membres « de l'association. »

En cela il avait raison.

Les médecins de Rodez, sourds à cette admonition, persistèrent, parce qu'ils y virent, comme l'honorable directeur-médecin de l'asile des aliénés, le projet de détruire un établissement qui devait se continuer dans l'intérêt du corps médical et des populations.

Abordons, il en est temps, les questions que j'ai à résoudre dans ce que M. le secrétaire appelle *un triste pamphlet.*

1° L'association dit : « Nous voudrions que les élèves, « avant d'être admises, prouvassent qu'elles ont quelques « notions de *géométrie* et de *calcul décimal*, parce qu'il « est souvent question, dans l'étude de l'art des accouche- « ments, *d'axes, de diamètres, de circonférences, de cen- « timètres et de millimètres.* »

Cette idée burlesque, sans doute soufflée à M. Volonzac par un ancien répétiteur de mathématiques, avait tant prêté à rire au public que notre officier d'académie aurait bien fait de ne pas la reproduire ; elle n'avait été cependant de ma part l'objet que de cette réflexion : *L'unique résultat de cette innovation serait, si je ne me trompe, d'écarter les élèves, et ce n'est pas cependant ce que vous vous proposez.*

J'ajoutais que les connaissances *en géométrie* et *en calcul décimal* n'ont jamais fait partie du programme exigé pour l'admission des élèves à la Maternité de Paris ou de Lyon.

2° Sur la question du nombre d'accouchements pratiqués à la Maternité, c'était autrement grave. Pièces en main, je prouvais qu'en ayant l'air de s'appuyer sur des documents prétendus *officiels*, on n'avait joué qu'avec des cartes bizeautées, que le chiffre relevé sur le registre de l'entrée et de la sortie des femmes accouchées à l'établissement était de beaucoup supérieur à celui énoncé, et qu'il en était de même pour la durée du cours.

Ainsi, en 1859-60 il y avait eu *vingt-trois* accouchements faits par les élèves et non pas *treize*, et il était de notoriété publique que le cours avait eu lieu pendant *neuf* mois.

En 1860-61, il y avait eu *vingt-sept accouchements*, sur lesquels les élèves en avaient pratiqué *vingt-deux* et non pas *treize*, et le cours avait été ouvert pendant *neuf* mois.

En 1862, première année scolaire de *six* mois, il y avait eu vingt-huit accouchements, sur lesquels les élèves en firent *seize* et non pas *treize*.

En 1863, deuxième année, mes dix élèves eurent à pratiquer *dix-sept* accouchements, de sorte qu'elles avaient fait ou assisté à *trente-trois* accouchements et non pas à *vingt*. Ce nombre est plus qu'insuffisant, d'après le rapporteur, pour savoir faire *un accouchement naturel*; j'aurais désiré qu'il nous dit combien d'*accouchements laborieux* avait pratiqués ce confrère sous la direction d'un autre ou à combien il avait assisté avant de s'en mêler.

Il en est de même pour la subvention qu'il dit être de *six mille francs*, alors que membre du Conseil général, il ne peut ignorer qu'elle n'est que de *quatre mille six cents francs*; mais ne fallait-il pas laisser croire à une économie de 2,150 francs.

« L'insuffisance du nombre des accouchements avait, dit
« M. Volonzac et répété M. Séguret, frappé M. Demonts, et
« de là l'acquisition d'une maison plus vaste, plus appropriée
« à sa destination. Mais, hélas! les prévisions de M. Demonts
« ne s'étaient pas réalisées. »

Cette dernière assertion, pour prouver que le cours d'accouchement ne pouvait exister, que les efforts de M. Demonts pour attirer à la Maternité un plus grand nombre de femmes avaient été inutiles, était d'autant plus grave que toute la question à résoudre se résumait dans ce paragraphe si affirmatif, si concluant ; j'avais répondu en donnant les lettres de M. Demonts à ce sujet.

« Quand M. Boby, disais-je dans ma lettre, page 8, a posé « cette question à *l'association médicale*, il ne savait pas, « sans doute, que son prédécesseur, M. Demonts, m'avait « défendu à trois reprises différentes de recevoir des femmes « enceintes pendant le mois de décembre 1860 ; il ignorait « encore que je m'étais plaint à M. Demonts de ce que le « nombre des accouchements était moindre que l'année pré- « cédente, alors que nous avions *quatorze* élèves au lieu de « *huit* et *six mille francs* au lieu de *trois* ; que je l'avais « prié de faire connaître, par la voie du *Moniteur de l'Avey-* « *ron*, l'existence de l'hôpital de la maternité, et que ce ma- « gistrat, par sa lettre du 7 janvier 1861, m'avait répondu « qu'il ne croyait pas nécessaire de faire appel par la voie des « journaux, ainsi que je lui proposais, aux femmes pour les « engager à venir faire leurs couches à l'établissement ; *le* « *nombre des admissions*, ajoutait-il, *sera assez considéra-* « *ble pour l'instruction pratique de vos sages-femmes.* »

Il ignorait que dans une autre lettre du 12 janvier, il me disait : « Bien que le crédit ouvert au budget de 1861 ait été con- « sidérablement augmenté, la dépense ne doit pas être plus « forte qu'en 1860. »

Mais pourquoi alors cette demande d'une subvention double ?

Je dois ajouter que M. Boby de la Chapelle m'avait également refusé d'annoncer dans le journal l'existence de cet hôpital encore peu connu.

Il me semble qu'en présence de ces documents, que j'avais livrés à la publicité, en réponse au compte-rendu de M. Séguret, il n'y avait qu'à les transmettre à M. le préfet, et la question soulevée avec tant de légèreté par M. Boby était vidée.

Au lieu de cette solution si naturelle, si loyale, que voyons-nous ? M. le docteur Rosier, qui connaît ces documents, n'en dit mot dans son discours d'ouverture, mais parle *de la sagesse et de la prudence de la décision prise, que j'ai eu l'audace de méconnaître.* »

M. Séguret, qui a voulu qu'en présence de ma lettre si scandaleuse, qu'il traite de *triste pamphlet*, la lumière se fasse *vive, entière, éclatante*, garde le silence sur ces documents comme sur la durée du cours d'accouchements, ainsi que sur les lettres si déplorables de M. Demonts, et pour toute réponse dit « n'avoir trouvé dans ma lettre, non sans quelque « surprise, que *des paroles de blâme et de dénigrement* « au sujet de M. Demonts. »

Les médecins qui assistent à cette séance, ne connaissant pour la plupart les faits que par les dires de MM. Rosier et Séguret, ignorant la démission motivée de leurs confrères de Rodez, ainsi que le motif de l'absence de ceux qui assistaient aux premières réunions, et ma lettre, adoptent les conclusions déjà prises.

Il ne suffisait pas au docteur Séguret d'avoir l'assentiment de ses dix confrères de l'association, il voulut avoir celui de l'honorable M. Amédée Latour qui, sur son énoncé, disait : « Ce « dernier fait est digne de remarque et prouve à quel point « les sociétés locales peuvent être utiles à la profession. N'est-il « pas, en effet, d'un heureux augure de voir le cas que l'admi- « nistration a fait de ces sociétés. »

Voilà ce qu'on peut appeller un tour bien joué. Le Triboulet de François Ier ne l'aurait pas désavoué.

Que dira M. Latour, quand il connaîtra, s'il ne le sait déjà, les noms de mes deux successeurs dans un hôpital que j'ai créé et un établissement que j'avais fait rouvrir?

Je dois ajouter que la plupart de mes confrères ayant connu plus tard toutes ces machinations dont ils avaient été dupes, m'en exprimèrent les plus vifs regrets.

Dans l'intervalle du temps qui s'écoula entre ma lettre et cette réunion, alors que M. Boby mûrissait dans sa tête une nouvelle organisation digne sans doute de sa haute intelligence et qui serait devenue une troisième édition, M. Isoard nous arriva.

Ce nouveau préfet, vrai type du *préfet à poigne*, que n'avait pas corrigé sa mésaventure à Vesoul, qui n'a conservé sa place à Rodez que grâce à M. Duruy, et qui finira d'une manière si piteuse à Niort, entend faire de l'intimidation à mon égard. Il fait cependant annoncer dans le journal l'existence de l'hôpital de la maternité que j'avais inutilement demandée à ses deux prédécesseurs, espérant sans doute que cette mesure n'aurait pas de succès.

Un mois ne s'est pas écoulé et j'ai à lui demander quatre nouveaux lits, et le nombre d'accouchements, qui n'avait été que de *vingt* en 1864, est monté en 1865 à *trente-cinq*, de sorte que les élèves auront pratiqué ou assisté à *cinquante-cinq* accouchements, nombre plus que suffisant pour des sages-femmes qui ne peuvent, d'après la loi, ne faire que des accouchements naturels.

Ainsi s'est réalisé l'espoir que j'avais conçu, et auquel on avait refusé de faire droit. Les neuf élèves qui se sont présentées à Toulouse ont été admises.

1866. M. Isoard annonce que neuf élèves nouvelles ont été admises et que dans cette première année dix-neuf accouchements ont été faits.

1867. Le cours d'accouchement venait de se fermer le 15 mai, quand, le 19, je reçus ma double révocation de *médecin de l'asile* et de *professeur du cours d'accouchement*, et *le sieur Viallet, praticien*, est remplacé par M. Bourguet, *docteur-médecin.*

On a vu le *secrétaire* de l'association créée pour la *protection*, l'*assistance* et la *moralisation* du corps médical, me remplacer à l'asile Saint-Cyrice.

N'était-il pas juste que le *trésorier*, voulant lui aussi prouver que j'avais eu tort *d'avoir voulu rabaisser aux mesquines proportions d'un débat personnel une question qui touche aux intérêts les plus chers et les plus sacrés des familles aveyronnaises*, ou, d'après M. Rosier, d'avoir vu dans leurs agissements *des actes de mauvaise confraternité dictés par la jalousie*, acceptât les fonctions de *médecin-directeur* de la Maternité ?

Ne fallait-il pas, d'ailleurs, récompenser M. Bourguet de *son oubli* qui avait eu de si bons résultats ? Ce qui ajouta un *neuvième traitement* à ceux qu'il cumulait déjà, et le cours d'accouchement fut irrévocablement fermé.

On se demande pourquoi les cours d'accouchement qui existent depuis longtemps à Albi, à Pamiers, à Foix, à Perpignan, à Tulle, à Chaumont, alors que la population de ces départements est de beaucoup inférieure à celle de l'Aveyron, sont pas supprimés?

Je l'ignore, mais il pourrait bien se faire que tout dépendît de ce que les médecins de toutes ces villes ne sont pas aussi disposés que MM. Rosier, Séguret et Bourguet, *à faire un peu de bien en accaparant toutes les places.*

Qui oserait dire que l'état-major de l'association médicale de l'Aveyron ne pratique pas à un degré éminent envers ses confrères les principes de *protection*, d'*assistance* et de *moralisation?*

Je recevais *six cents francs* par an, comme *professeur du cours d'accouchement.* Le cours était terminé; j'avais tout droit de toucher ce traitement en entier.

Il n'en fut pas ainsi, et je reçus un mandat pour quatre mois et dix-neuf jours, au lieu de l'année entière, et mon traitement est alloué pour le restant de l'année à mon remplaçant; et se continuera encore pendant une année.

M. Bourguet aura d'autant moins de peine qu'il n'y aura plus de cours, que notre sage-femme, momentanément conservée, fera, pendant les dix-neuf mois, tous les accouchements, les deux seuls exigeant un médecin seront pratiqués par d'autres et non par lui.....

Voilà ce qu'on peut appeler toucher un traitement sans prendre de la peine et sans compromettre sa dextérité.

Le docteur Séguret est doué d'un rare talent, il fait le sonnet, cultive le madrigal, au besoin tourne une épître à Chloris. Il avait fait rire tous les malades à l'asile Saint-Cyrice le jour de son installation, et ce rire divertissant avait trouvé de nombreux échos en ville.

Notre aimable et facétieux confrère avait dit, dans son rapport sur l'hôpital de la maternité, *qu'on ne parlait pas d'accouchement laborieux et pour cause.*

Peu de jours après l'installation de M. Bourguet, un cas exigeant l'*embryotomie* se présente, le sanhédrin se réunit, le docteur Séguret se charge officieusement de cette opération,

Bientôt des cris, de véritables hurlements se font entendre, la maison et le quartier sont terrifiés.

Quelle installation, si on n'avait pas fait transporter nuitamment à l'Hôtel-Dieu cette malheureuse fille mourante à qui j'avais pratiqué la même opération cinq ans auparavant à la Maternité ; mais ne fallait-il pas étouffer à tout prix le bruit qu'aurait pu faire cette malheureuse coïncidence?

Il faut avouer qu'il est, de par le monde, des gens dont je ne saurais envier ni accepter les chances heureuses. En 1837 ou 1838, un chef de bataillon arrive à Rodez pour y tenir garnison. N'ayant pas de médecin, il investit de ces fonctions notre confrère le docteur Coc. Quinze jours ne sont pas écoulés que le commandant est invité à remercier le docteur comme n'ayant pas été chirurgien militaire, ainsi que le veulent les ordonnances ministérielles. Vous allez croire peut-être que ce fut le docteur Lacalmontie, ancien chirurgien-major de régiment, ou bien M. le docteur Rosier, naguère aide-major; pas du tout, ce fut M. le docteur Bourguet, dont les titres à cet égard étaient aussi négatifs que ceux de M. Coc, qui reçut, le lendemain, de son privilégié confrère, une somme de cinquante francs pour honoraires de son service pendant quinze jours.

La session du Conseil général s'ouvre; il est intéressant de connaître les motifs de ma révocation.

M. Isoard commence par demander que la subvention de 4,600 francs soit continuée, mais non pas 6,000 francs, comme l'avait dit M. Séguret.

Pour motiver la suppression de l'école, il revient longuement sur les opinions émises par les quelques membres de l'association médicale, opinions dont j'ai fait justice. Pour prouver que les frais du traitement des femmes en couche atteignent un taux exagéré, il nous apprend que les 2,233 journées de séjour à la Maternité, en 1865 et 1866, ont coûté 2,622 francs.

Ce chiffre est-il exact? Je ne le crois pas, car il ne faut pas oublier que la sage-femme avait accepté de pourvoir à l'entretien des femmes en couche moyennant 1 franc par jour.

Le traitement de la sage-femme est, dit-il, de 500 francs par an. Comme on ne pourra se passer de cet *accessoire*, M. Isoard lui continuera le même traitement, alors qu'elle n'aura pas de répétitions à faire aux élèves et moitié moins de travail.

L'intérêt du prix de la Maternité s'élève à 500 francs par an, dit-il, ce qui n'empêchera pas qu'on la conserve dix-huit mois encore. Pourquoi ne pas ajouter à ce chiffre 200 francs tous les ans pour entretien des bâtiments qui avaient été réparés à neuf peu d'années auparavant?

Le prix des médicaments payés à part s'élève, dit-il, à 100 fr. par an *environ*.

Ce mot *environ* est magnifique dans un budget; je ne ferai qu'une réflexion, c'est que la moyenne des frais de médicaments ne s'éleva jamais au-dessus de quarante francs par an. Voilà comme M. Isoard écrit l'histoire.

En conséquence de cette exagération de dépenses, M. Isoard maintient la suppression du cours d'accouchement et le transfert de la maternité à l'hôpital général.

M. le docteur Séguret, secrétaire de l'association et mon successeur à l'asile Saint-Cyrice, pour se montrer *impartial*, se charge d'être le rapporteur de la Commission des intérêts généraux pour l'école d'accouchements.

Mêmes *contre-vérités*, mêmes fausses appréciations que celles qu'il a commises trois ans auparavant et dont j'ai fait justice. Tout cela débité avec une assurance que ne pouvait que lui donner le succès brillant obtenu à la Maternité peu de mois auparavant, le lendemain de l'installation de M. Bourguet.

Au reste, M. le docteur Séguret a-t-il jamais douté de rien, surtout depuis qu'il doit cumuler neuf fonctions salariées? Car il est bon qu'on sache qu'il a obtenu sans sollicitations, et par survivance, tous les emplois de M. Rosier!

Après dix-huit mois de ce provisoire, qui coûte tous les ans *six-cents francs* pour honoraires du médecin, *cinq cents francs* pour ceux de la sage-femme, *cent francs* environ pour les médicaments, *deux cents francs* pour l'entretien des bâtiments et l'entretien des femmes en couches payé au taux de 1865 et 1866, la Maternité fut changée à l'hôpital général.

Tous les médecins qui ont étudié la question de salubrité, demandent que les *Maternités* soient isolées ; quelques-uns même voudraient que les femmes en couches fussent réparties entre tous les hôpitaux des départements, d'autres entre les sages-femmes, afin d'éviter les épidémies de fièvre puerpérale si meurtrières.

De par M. Rosier, elles seront reçues désormais dans le *pandemonium* où sont les enfants trouvés, au nombre de plus de soixante, offrant un triste tableau de toutes les misères humaines, les vieillards, quelques malades de la ville et des environs, les militaires de la garnison, ceux qui sont fournis par les travauxde la gare et du chemin de fer en construction, les filles de la police, le dépôt de mendicité, qui fut augmenté des opthalmiques, et auxquels il aurait fallu joindre les malades de l'Hôtel-Dieu, si je n'avais pas prisla défense de cet établissement.

Une *matrone* qui partout ailleurs serait poursuivie, préside à tous les accouchements ordinaires ; un médecin est appelé seulement quand un accouchement laborieux se présente.

Voilà ce qu'est aujourd'hui la maternité départementale de l'Aveyron.

Peu de temps après, M. le docteur Coc quittait Rodez, M. Rosier se faisait nommer médecin du dépôt d'étalons, M. Séguret, médecin de l'asile des sourds-muets et suppléant de l'asile des aliénés.

Quel dévouement pour les fonctions salariées !

Quand le cours d'accouchement fut supprimé, il fallait encore trente sages-femmes pour que tous les postes fussent occupés. Six années auraient suffi, et plus tard cinq élèves au lieu de dix auraient comblé les vides opérés par l'âge ou la mort.

Aujourd'hui, il en manque soixante, et ce nombre ira d'autant plus en augmentant, que les élèves envoyées à Lyon se fixent à peu près toutes dans les villes, que huit cantons continuent d'en être totalement dépourvues, et que beaucoup d'autres n'en ont qu'une au lieu de trois qu'il en faudrait en moyenne.

A-t-on gagné du moins sous le rapport de l'économie, puisque c'est la seule raison invoquée ?

D'après les rapports faits au Conseil général depuis cette époque, je vois que les élèves qui ne coûtaient à Rodez, d'après l'organisation de M. Baragnon, que *deux cent quarante francs* en deux ans, coûtent *trois cent cinquante* par an, sans compter les différences de chiffres qui s'élèvent, en 1872, à *cent francs* pour les livres ou les instruments dont il a fallu les pourvoir ; à 895 fr. 55 c. en 1874, de sorte que les sommes à payer, au lieu d'être fixes, changent à peu près tous les ans. Ainsi, en 1875, elle a été de 750 fr.

Le séjour à la maternité coûtait 1 fr. par jour ; à l'hôpital il s'élève à 1 fr. 25 c. ; les femmes enceintes y restaient en moyenne un mois. Dans les premiers temps le séjour de chacune à l'hôpital s'est élevé à 42 jours, pour de là arriver en moyenne, en 1875, à 56 jours et demi ; aussi la dépense de la Maternité s'est-elle élevée à *trois mille quarante-six francs.*

Ajoutez à ce chiffre les 800 francs en moyenne que coûtent tous les ans les élèves à Lyon ; et que deviennent les 2,150 francs dont M. le docteur Séguret a annoncé l'économie, au Conseil général, sur les 4,600 francs ?

M. Isoard reconnaissait, en parlant de l'asile Saint-Cyrice, que 2,000 francs étaient restés sans emploi, je suis certain qu'on en trouverait 4,000 pour le cours d'accouchement.

On avait une sage-femme très-capable ; on a une *matrone.*

Dans les cas graves, l'hôpital a le chirurgien-adjoint, dont la dextérité ne laisse rien à désirer, mais combien de temps cela durera-t-il, le chirurgien titulaire ayant 78 ans ? Pense-t-on qu'il pourra s'en occuper quand, avec les places qu'il a déjà, il cumulera *onze fonctions* salariées par l'administration ?

Le Ministre de l'intérieur avait demandé la division des services médicaux ; il n'y a eu de divisés que les deux que j'avais créés, et le médecin et chirurgien adjoints n'ont d'autre emploi que celui de recueillir l'héritage des titulaires, tout en accaparant toutes celles qui avaient échappé à leurs prédécesseurs.

La ville de Rodez a en moyenne dix médecins, quelques années encore, deux d'entre eux, ayant le don d'ubiquité, auront tous les emplois administratifs, les autres seront à l'état de paria ou tout au plus seront les médecins et chirurgiens adjoints de confrères à peu près du même âge, s'ils veulent toutefois accepter ; de sorte que d'un côté honneurs et profit, de l'autre le devoir de les remplacer momentanément quand les titulaires seront très occupés par leur clientèle, par des inspections, ou leurs fonctions multiples.

Est-ce là par hasard ce qu'on entend par *protection, assistance* et *moralisation* du corps médical ? D'un côté, tout ; de l'autre, rien.

Dans tout cela, que deviendront les malades ? Il n'en sera pas question. D'après les principes nouveaux, les médecins ne sont pas créés pour soigner les malades, mais les malades indigents sont admis dans les hôpitaux pour venir en aide aux médecins de ces établissements et les faire valoir.

Pour les autres médecins, peut-il en être question ?

Quant à l'association médicale de Rodez, je crains bien que ce ne soit un moyen de leurrer le corps médical au profit de la bureaucratie et des *dignitaires*. J'avais cherché à augmenter le nombre des fonctions médicales, j'avais créé deux nouveaux hôpitaux, j'avais fait attribuer à mes confrères de nouveaux emplois. A part une cotisation annuelle de 10 francs et un joyeux banquet, quels avantages ont-ils retirés ?

Ajoutez à la dépense de la Maternité vingt lits complets *donnés* à l'hôpital, la collection des instruments qui avait coûté près de cinq cents francs, le mobilier et les livres, parmi lesquels les belles planches coloriées de Moreau, et on aura une idée des principes d'ordre et d'économie qui ont présidé à cette transformation.

Je dois ajouter qu'à ma demande, M. Lacalmontie, mon prédécesseur, avait donné tous les ouvrages de sa bibliothèque sur les accouchements, j'avais mis aussi ceux que je possède à la disposition des élèves, mais je les fis retirer.

En somme, si le département a perdu une école qui allait compléter le service des sages-femmes et enrayer la mortalité des mères de famille et surtout des enfants, M. Bourguet a touché un neuvième traitement, pendant dix-neuf mois, sans avoir à peu près rien à faire.

RÉSUMÉ

Je ne me suis pas dissimulé, en publiant ces nouvelles études sur l'économie charitable, sur l'organisation de la profession médicale telle que nous l'ont faite les révolutions, et surtout l'histoire des établissements que j'avais créés, que j'allais m'attaquer à des combinaisons et à des abus profitables à quelques-uns, pleins de déceptions pour un grand nombre, et surtout au détriment du public.

J'ai vu la noble profession que j'exerce depuis bientôt cinquante ans, s'amoindrir de plus en plus sous une bureaucratie dont, en général, le moindre défaut est de vouloir imposer ses conditions dans des questions qui lui sont essentiellement étrangères. De là une perturbation profonde dans l'organisation médicale et les services qui en dépendent; par suite, ce qui est plus grave encore, les intérêts de la société compromis dans la santé humaine, et, surmontant tous mes dégoûts, toutes mes répugnances, j'ai écrit ces pages.

A l'appui de mes opinions sur cette matière, j'ai dû donner des preuves, et il ne m'a pas été difficile de les trouver dans l'histoire des établissements et des institutions charitables que j'avais créées dans ma ville natale, institutions que je cherchais à généraliser et qui n'existent plus, grâce à un concours de circonstances et à une longue conspiration que le public a pu déjà reconnaître et qualifier.

En 1846, je proposais la création d'hôpitaux-hospices cantonaux, comme pouvant être très-utiles aux habitants des campagnes et enrayer l'émigration rurale qui constitue un grand danger social. Je poursuivais cette idée en 1860; plus tard encore, dans plusieurs travaux, en 1867, dans mon ouvrage *la Réforme dans les Hôpitaux*, et en dernier lieu dans mes *Etudes sur l'Emigration des campagnes*.

Ce plan, tel que je l'avais conçu, créait au moins douze cents nouveaux hôpitaux et donnait à mes confrères, par les vingt-cinq lits que chacun d'eux pouvait avoir, les moyens, tout en faisant un grand bien aux populations rurales, d'acquérir plus d'expérience et de se créer une meilleure position soit morale, soit matérielle.

Cette idée, très-réalisable, ainsi que je l'ai prouvé, a eu de nombreux approbateurs. Plusieurs conseils généraux, et en dernier temps celui de la Seine, ont mis à l'étude cette grave question, qui sera probablement résolue à la prochaine session, en 1876, d'une manière favorable.

Il en eût été de même dans l'Aveyron si nous avions eu le bonheur de conserver M. Baragnon.

Voici la lettre que me faisait l'honneur de m'écrire ce préfet à la date du 23 mai 1858 :

« Monsieur,

« Je ne perds pas de vue l'œuvre éminemment utile et « chrétienne à laquelle vous vous intéressez, et j'ai reçu avec « intérêt les diverses communications que vous avez bien « voulu me faire à cet égard.

« Je prendrai, à Laguiole, l'initiative soit auprès de M. le « maire, soit auprès des bonnes sœurs qui seraient disposées « à prêter leur concours à cette œuvre, dont je serais heureux « moi-même d'assurer le succès.

« Agréez, etc. « Baragnon. »

Les communications que je recevais de plusieurs membres du Conseil général, des maires, des curés, des supérieures de plusieurs couvents, les dons nombreux qui s'opéraient, tout me faisait espérer que huit hôpitaux-hospices cantonaux s'ouvriraient sous peu, quand M. Baragnon reçut son changement à Tulle, alors qu'il avait refusé la préfecture de Montpellier, voulant, me disait-il, mener à bonne fin, avant sa retraite, les œuvres que nous avions commencées.

M. Demonts nous arrive ; je lui envoie, sur sa demande, les épreuves du rapport, dont M. le vicomte de Melun publia, comme on l'a vu, un compte-rendu si flatteur et si encourageant.

M. Demonts me remercie de ma communication et m'apprend « que l'idée des hôpitaux cantonaux n'est pas nouvelle

« pour lui; que depuis longtemps il s'occupe des moyens de « la réaliser. En poursuivant votre œuvre, m'écrit-il, vous ne « ferez que seconder mes intentions. »

J'espérais, mais l'accueil fait à mes nouvelles communications me prouva qu'il n'avait aucune idée de cette organisation et qu'il ne se souciait même pas que je poursuive, et mon projet fut momentanément abandonné, car je ne pouvais rien sans le concours de l'administration.

En 1850, je publiais plusieurs articles sur la nécessité de diviser les services médicaux dépendant de l'administration dans l'intérêt des malades et du corps médical, et je proposais un nouveau mode de propagation de la vaccine.

Mes propositions n'aboutirent pas; mais, en 1853, sur la demande de M. Rampand, j'adressais un mémoire à ce magistrat à ce sujet. Le Conseil général adoptait, et le chiffre des vaccinations, qui était descendu à 11 p. o/o, s'élevait à 77 en trois ans; plus tard, ce mode était abandonné, et les vaccinations sont retombées, dans ces dernières années, à 12, 15, 20 p. o/o.

Que l'on ne s'étonne pas de ce triste résultat, les coteries et la bureaucratie l'ont amené.

Les cinq cents francs, alloués tous les ans par le Conseil général, étaient destinés à donner une prime de cent francs au médecin de chacun des cinq arrondissements, qui aurait vacciné le plus grand nombre d'enfants, à titre d'indemnité.

Plus tard, on a cru devoir donner des médailles qui auraient dû représenter la même valeur, une par arrondissement. Que voyons-nous? Un médecin recevant une médaille en or, un autre une médaille en argent, trois autres une médaille en bronze, le tout coûtant *cent soixante* francs, au lieu des cinq cents francs alloués.

Vienne une nouvelle épidémie de variole, et Dieu sait à quel nombre de victimes de tout âge s'élèvera le chiffre.

En 1854, je posais les bases d'un hôpital spécial d'ophtalmologie; il était ouvert en 1856. Pendant dix ans il recevait des éloges, quatre cents malades y avaient été admis. En 1865, je publiais dans le journal de statistique de Paris un mémoire *sur la cécité, la nécessité et les moyens de créer un hôpital spécial dans tous les départements,* ainsi qu'ils existent dans une grande partie de l'Europe.

La commission des inspecteurs généraux approuvait cette idée, et tout me faisait espérer qu'elle aboutirait.

Ainsi auraient été créés quatre-vingts *hôpitaux spéciaux* pour un genre d'infirmités plus nombreuses que l'on croit.

Les nombreux malades qui m'arrivaient ne pouvant être tous reçus à *l'asile St-Cyrice,* soit que leur état ne fût pas assez grave ou qu'ils ne pussent remplir les conditions d'admission voulues par l'arrêté préfectoral, je proposais la création d'un *dispensaire gratuit* où les indigents munis de certificats pussent recevoir les remèdes dont ils auraient besoin.

Cette nouvelle institution, complément indispensable de l'hôpital, obtenait l'approbation de M. Demonts et surtout du Conseil général.

Le bien opéré allait en grandissant quand, par une de ces aberrations dont il est difficile de se rendre compte, le même préfet s'opposait à l'organisation définitive de cette institution qui cessait d'exister jusqu'à l'administration de M. Isoard, qui permettait son nouveau fonctionnement.

Révoqué en 1867, le dispensaire gratuit disparaissait en même temps que l'asile qui, après avoir langui pendant quatre ans, se mourait par suite de l'absence des malades plutôt que des maladies.

En 1858, je faisais nommer un médecin *inspecteur des enfants assistés* au lieu et place d'un employé de la préfecture qui demandait sa retraite, en démontrant à M. Baragnon l'absolue nécessité d'avoir partout des médecins chargés de cet emploi, comme seuls capables par leurs études de répondre au désir de l'administration, diminuer la mortalité effrayante des nourrissons et mettre un terme, sinon enrayer l'industrialisme des nourrices.

La commission des inspecteurs généraux approuvait hautement; elle m'en faisait féliciter par un de ses membres, M. Viellard, de Bois-Martin, et m'annonçait que les médecins qui jusqu'alors avaient été nommés par exception, allaient devenir la règle générale.

Plus tard, en 1867, dans mon ouvrage : *Sur la réforme dans les hôpitaux*, j'énonçais encore cette idée, disant que dans certains départements peu éloignés des grandes villes il faudrait mettre plusieurs inspecteurs.

Il fallait donc, en moyenne, deux inspecteurs par département. Le médecin-inspecteur de l'Aveyron fut révoqué en 1871 et remplacé par un chef de bureau.

Si cet emploi, qui donne *cinq mille francs*, avait pu être cumulé, pense-t-on qu'il n'y aurait pas eu agies, démarches, sollicitations ?

Ce poste ne pouvait convenir qu'à un médecin libre, dès lors ne vous étonnez pas du silence gardé par les dignitaires de l'association.

J'ai vu avec bonheur que le docteur Brochard venait de saisir le Sénat et la Chambre des députés de cette proposition.

En 1858, j'indiquais un nouveau mode *pour l'extinction de la mendicité*, qui n'a pas abouti, par suite du départ de M. Baragnon.

En 1859, sur ma proposition, ou mieux sur la preuve que je lui donnais de la nécessité de rouvrir le cours d'accouchements fermé depuis 1847, M. Baragnon dotait le département de l'Aveyron de cet établissement.

Sur 56 élèves se présentant en six ans à Toulouse pour obtenir leur brevet, 54 étaient admises. Il ne manquait que 30 nouvelles sages-femmes pour que le service fût complet dans le département.

En 1866, je publiais dans le *Journal de statistique* de Paris un mémoire *sur la nécessité d'ouvrir dans chaque département un cours d'accouchement.*

D'après moi, il faut quatorze mille sages-femmes, et il n'y en a que quatre mille, la plupart dans les villes où le besoin est infiniment moins grand.

Grâce aux manœuvres que l'on connaît, cette école, d'abord amoindrie par MM. Demonts et Boby de la Chapelle, était supprimée par M. Isoard en 1867, et le nombre des sages-femmes nécessaire s'élève aujourd'hui de trente à soixante pour grandir de plus en plus.

M. le docteur Séguret prétendait que les sages-femmes sont d'autant moins nécessaires dans les villes que les médecins y sont assez nombreux.

Je n'émets aucun doute sur la philanthropie éclairée de ce confrère, mais je crois que ses aspirations personnelles ne sont pas dirigées de ce côté là.

Il en est autrement dans les communes rurales. Là les garde-couches sont à peu près inconnues et les sages-femmes ont double attribution. Dans les maisons même peu aisées, elles restent auprès de la nouvelle accouchée, autant pour soigner la mère que l'enfant, jusqu'après la fièvre de lait. Elles apprennent à langer l'enfant, à lui donner les premiers soins, et veillent à ce que la mère ne commette pas d'imprudence. C'est bien différent encore si elles vont dans une maison riche ou même aisée; elles restent là pendant quinze à vingt jours, avec toutefois la faculté d'aller pratiquer les accouchements qui se présenteront, mais pour revenir.

Que de femmes et d'enfants sauvés par ce mode si simple que méconnaît le détracteur des écoles d'accouchements pour la conservation des nourrissons et des mères !

J'étais et je suis encore si pénétré de l'idée que les sages-femmes pouvaient plus que tout autre moyen sauver beaucoup de femmes et d'enfants et détruire les erreurs populaires; que la sage-femme chef avait ordre de ne laisser langer aucun enfant d'après le mode usité, qui les serre de manière à ne pouvoir respirer et qui est la cause de tant de hernies.

Quand j'étais arrivé à la fin du cours, les dernières quinze leçons roulaient sur les soins à donner à la mère et à l'enfant, sur leur alimentation, les précautions à prendre. Les élèves prenaient toutes des notes sur toutes ces questions, ainsi que sur les affections de la première enfance, telles que l'ophtalmie purulente des nouveaux-nés, qui amène tant de cécités complètes ou incomplètes, l'allaitement, le sevrage, le danger de faire disparaître la teigne et autres affections éruptives.

C'est par le moyen des sages-femmes que l'on pourra enrayer cette dépopulation effrayante et qu'on aura les moyens de faire connaître, vulgariser et mettre en pratique les excellents préceptes donnés en dernier lieu par le docteur Brochard, soit dans son journal, soit dans son *Almanach de la jeune mère*, et ses autres ouvrages si pleins d'intérêt.

En dehors des médecins-inspecteurs et des sages-femmes, on cherchera inutilement les moyens de conjurer les dangers que court la société sous ce rapport.

De là, la pétition que j'ai l'honneur d'adresser au Sénat et à la Chambre des députés, pour demander *la création d'un cours d'accouchements dans tous les départements.*

En 1864, j'apprenais que sur la proposition de M. Rosier, médecin des hôpitaux et maire de la ville, l'Hôtel-Dieu, jadis connu sous le nom d'hôpital Saint-Jacques, créé en 1336 en faveur des pèlerins, allait être réuni à l'hôpital.

Persuadé que cet établissement, changé en Hôtel-Dieu sous Louis XIV en faveur des artisans de la ville, qui s'insurgèrent en 1832, parce qu'alors sa translation avait été aussi décidée, était nécessaire, que la disparition de cet hôpital serait très-préjudiciable sous tous les rapports, soit à cause de l'encombrement de l'hôpital général, surtout en temps d'épidémie, j'étudiai et publiai son histoire.

Il ne me fut pas difficile de prouver que l'Hôtel-Dieu, organisé à la fin du XVIIe siècle en faveur des ouvriers atteints de maladies aiguës, réunissait toutes les conditions désirables.

Ainsi son exposition au levant, ses grandes fenêtres donnant l'air et le jour, un aumônier logé dans la maison, deux chambres de convalescents, une pour les hommes, l'autre pour les femmes, une salle dite *des prêtres* pour recevoir des ecclésiastiques ou des personnes appartenant à la bourgeoisie, telle était l'organisation remarquable de cette maison.

Louis XIV, pour augmenter ses revenus, lui avait donné les deux léproseries existant encore à cette époque. Louis XV lui avait concédé les fossés de la ville qui longeaient cet établissement, ainsi que de nombreux priviléges. Des testaments faits en sa faveur par la noblesse, le clergé, la bourgeoisie, et par des artisans, avaient stipulé expressément que ces dons pourraient être réclamés par leurs héritiers dans le cas où, *sous quelque forme et de quelle manière que ce fût, cet hôpital serait réuni à tout autre.*

Une école, peu de temps après un orphelinat, avaient envahi ce pauvre Hôtel-Dieu. Il n'y avait plus d'aumônier depuis 1832; les salles des convalescents avaient cessé d'exister, ainsi que la chambre des prêtres; ses revenus, qui s'élevaient à près de neuf mille francs, étaient livrés à un gaspillage sans nom. Cela ne suffisait pas, et l'on voulait livrer cet établissement charitable à l'orphelinat. Les droits des ouvriers étaient dès lors entièrement méconnus et sacrifiés.

Les documents que je publiai changèrent la question. Ce n'était plus à l'administration qu'appartenait le droit de décider, mais les tribunaux allaient être appelés à en juger, et dès lors la cause de la ville et des ouvriers était gagnée.

Il y eut une grande déception, et dès lors la conspiration contre l'asile Saint-Cyrice et le cours d'accouchement s'accentua de plus en plus et leva le masque.

Plus tard, en 1872, la supérieure de l'orphelinat n'ayant pu obtenir l'Hôtel-Dieu pour donner plus d'extension à son œuvre, dont l'utilité est très-problématique à cause de sa direction et très-préjudiciable à cet hôpital, M. le maire demandait la cession de l'hôpital de la Maternité, qu'on avait en vue avant sa fermeture, à l'orphelinat auquel il est contigu.

La demande fut rejetée, et ces bâtiments furent vendus au profit du département.

Voilà à quoi ont abouti l'ambition des cumuls et la toute-puissance de quelques préfets qui, ne se doutant pas de leur incapacité dans certaines questions qui leur étaient étrangères, ont détruit ce que d'autres préfets, plus prudents parce qu'ils étaient plus intelligents, avaient créé.

Jamais le mot Démocratie ne fut plus à l'ordre du jour que depuis que nous pataugeons au milieu de ruines que nous font tous les jours les révolutions, sous quelques noms qu'elles soient faites.

Pour quelques-uns, déclasser le peuple, le démoraliser, lui donner des idées folles, lui inspirer une ambition, des goûts et des besoins que la société ne pourra jamais satisfaire, pour le tromper et se hisser à ses dépens; tel est le programme que trop généralement adopté.

J'ai voulu aussi faire de la DÉMOCRATIE, mais en rappelant toujours au peuple qu'on n'a des droits qu'autant que l'on remplit ses devoirs, et en cherchant à lui venir en aide dans les infirmités, dans les souffrances inséparables de la nature humaine qui pèsent sur lui.

J'avais aidé à la création et au développement de plusieurs œuvres qui lui étaient favorables. Elles ont à peu près toutes disparu; mais ce souvenir, quoique pénible, m'est précieux, parce que au témoignage de ma conscience est venue se joindre l'approbation des hommes de bien, la seule que j'ambitionne.

Jamais le corps médical ne fut plus largement représenté au Sénat et surtout à la Chambre des députés. A lui d'aviser, car, ainsi que l'a dit M. Desplace, « si nous laissons s'éteindre « chez nous les dernières étincelles de l'esprit public, si nous « ne maintenons pas intacts les principes d'une solidarité « légale et patriotique, il surgira, sur les ruines de la liberté, « la solidarité de l'anarchie.

« Lorsque, dans une nation, chaque citoyen se dit à lui- « même, dans son égoïsme : « Tant pis pour la victime; quant « à moi, je ne suis menacé ni dans ma fortune, ni dans mes « fonctions, ni dans mon honneur; cela ne me regarde en « aucune façon, je me tiens coi; » lorsqu'une nation en est « là, elle est mûre pour la servitude, et l'on peut dire qu'elle « l'a méritée. »

Je laisse aux membres du Sénat et de la députation, à l'Académie de Médecine, à l'association médicale de France, à tous les médecins en général et en particulier, ainsi qu'à toutes les personnes pour lesquelles *l'humanité, la science et la dignité professionnelle du corps médical* ne sont pas des mots vains et de nulle valeur, le soin et le devoir d'aviser.

Un médecin-directeur général de l'assistance publique, des médecins directeurs des hôpitaux et inspecteurs des enfants assistés dans tous les départements, peuvent seuls répondre, à mon avis, à tous les besoins.

DANGER DES INHUMATIONS PRÉCIPITÉES

Moyen simple de les prévenir.

Les journaux nous révèlent, de temps à autre, les suites épouvantables d'inhumations précipitées par suite de morts apparentes; et Dieu seul sait combien le nombre de celles qui restent inconnues est grand !

Qu'on se peigne la situation d'un malheureux enterré vivant qui se réveille dans le séjour des morts; ses cris ne frapperont pas les airs, aucune oreille humaine ne les entendra. En vain il veut déchirer le linceul dont ses membres sont enveloppés, en vain il tente de repousser la masse de terre qui pèse sur son cercueil. Meurtri, épuisé, il éprouve toutes les angoisses du désespoir, et cédant à sa rage et à sa faim, il mord, il ronge ses bras qui ne peuvent l'arracher à son horrible destinée.

Tous les médecins qui se sont occupés de la question de l'incertitude des signes de la mort ont constaté de nombreuses victimes. Ainsi, Bruhier, dans son ouvrage sur cette question, rapporte cent quatre-vingt cas de personnes enterrées vivantes: quatre furent ouvertes alors qu'elles n'étaient pas mortes, cinquante-trois revinrent spontanément à la vie après avoir été enfermées dans le cercueil.

Si au lieu d'une simple note j'avais à publier un mémoire sur ce sujet, il ne me serait pas difficile d'en accumuler de nombreux exemples et d'en donner des preuves incontestables. Je me borne donc à rappeler le récit effroyable fourni par les journaux, sous le titre de *Enterrée vivante*, voir la *Gazette de France*, 6 mai 1874, et celui que le professeur

LORDAT nous racontait, il y a plus de cinquante ans, dans une de ses leçons.

Une dame de Montpellier, appartenant à une des plus grandes familles de cette ville, eut un accès de catalepsie au moment où assise dans son fauteuil elle recevait des visites. On crut à une syncope, des médecins furent appelés, l'examinèrent et, après beaucoup de soins inutiles, constatèrent une absence complète de tous les signes de la vie et conclurent à une mort résultant d'une attaque d'apoplexie foudroyante.

Ses parents, les nombreux amis de sa famille, une foule de personnes de la ville vinrent, selon la coutume, jeter sur elle de l'eau bénite. On garda pendant deux jours ce prétendu cadavre avant de procéder aux apprêts de l'inhumation et non sans avoir appelé encore les médecins pour constater sa mort réelle.

Elle est habillée, mise dans son cercueil, et le convoi funèbre se rend à l'église de Saint-Pierre. Le service est terminé, un des porteurs, en sortant de l'église, sent un mouvement, mais il n'ose en faire part. Quelques moments après, nouveau mouvement ressenti par un autre, qui témoigne à son voisin l'impression qu'il vient de recevoir. On s'arrête, le cercueil est ouvert, et Mme X. est sortie de son accès de catalepsie.

Ayant toujours eu les yeux ouverts, elle a vu sa famille, ses médecins lui prodiguant leurs soins, ses voisines jetant sur elle de l'eau bénite, elle a vu tous les apprêts, elle a tout entendu, elle s'est vue mettre dans son cercueil sans pouvoir donner le moindre signe de vie.

Que serait-ce, si je voulais raconter plusieurs cas d'accès de catalepsie qui ont duré des mois et des années entières, et dont ce célèbre professeur nous raconta l'histoire, non pas controuvée, mais entourée des preuves les plus authentiques et les plus irréfutables?

La science s'occupe depuis longtemps à étudier les signes qui distinguent la mort apparente de la mort réelle, et les travaux de WINLOW, de BRUHIER, de LOUIS, de NYSTEN et en dernier lieu de l'Académie de médecine, à l'occasion du concours ouvert pour l'obtention du prix du marquis D'OURCHES, s'élevant à la somme de *vingt mille francs*, ont prouvé encore une fois que de tous les signes de la mort, le seul certain, celui dont l'existence reconnue prévient infailliblement les catastrophes qui suivent quelquefois les inhumations précipitées, est le commencement de décomposition ou de putréfaction des corps.

Le delai de 24 heures exigé par le code, pour permettre les inhumations, est généralement suffisant, mais dans certaines circonstances il est trop court, quoique exigeant 48 heures, car les signes de la mort peuvent se prolonger pendant quatre, six et huit jours, alors que la mort n'est qu'apparante et non réelle.

Il n'est pas question de ces décès ordinaires qui surviennent après des maladies plus ou moins longues, dans lesquelles on voit la vie s'éteindre peu à peu et sur lesquelles on ne peut raisonnablement émettre le moindre doute.

Je ne veux donc parler que de ces morts extraordinaires, subites, qui se répètent de temps à autre, où l'on est exposé à croire à une mort réelle, et de là ces inhumations précipitées alors qu'on a attendu le terme exigé par la loi.

Ainsi, dans les cas d'asphyxie, d'où qu'elle provienne, de submersion ou de gaz méphitiques, de longues syncopes, d'hystérie, d'apoplexie, de catalepsie, de rupture présumée de gros vaisseaux sanguins, en un mot à la suite de ces décès qui arrivent hors de toute prévision, on ne saurait prendre trop de précautions pour éviter une de ces erreurs dont l'idée seule glace d'effroi.

On a, jusque dans ces derniers temps, étudié et fait des expériences pour reconnaître la mort réelle. Les moyens qu'on a découverts sont, les uns illusoires, les autres ne sont pas applicables sans dangers plus ou moins grands; tous demandent, pour offrir quelques garanties, des connaissances médicales, des appareils qui sont hors de la portée du public et, dès lors, ne peuvent être d'une utilité réelle et pratique, et quelquefois ne sont pas à l'abri d'erreurs.

Je n'en veux d'autre preuve que la condition imposée, il y a peu d'années, à ses héritiers, par un riche Espagnol, léguant une forte somme à la personne qui resterait dans son caveau pendant huit jours entiers, pour surveiller si sa mort était réelle, et le silence de l'Académie de Médecine sur cette si grave question.

Je me suis trouvé deux fois dans une circonstance où je pouvais croire à une mort plus apparente que réelle ; les personnes dont il est question étaient une jeune personne de dix-huit ans, frappée d'apoplexie en se mettant à table, et un vieillard de soixante-deux ans qui, après avoir passé sa journée sans inspirer la moindre crainte sur son état, bien qu'il fût souffrant depuis quelque temps, mourait sans secousses et sans offrir aucun des symptômes qui précèdent ou accompagnent l'agonie, tout en parlant quelques moments après être entré dans son lit.

L'un et l'autre avaient conservé leurs couleurs naturelles, on les aurait crus plutôt endormis que morts, pas la moindre altération dans les traits, et comme je pouvais croire à une mort apparente, je m'opposai à l'inhumation.

Pour m'assurer de ce qui était, j'eus l'idée d'employer un moyen que je crois nouveau, mais simple et applicable dans toutes les circonstances, pouvant conserver la vie si elle existait encore, et dissiper tous les doutes si la mort était malheureusement réelle.

Dans quelques parties de l'Allemagne et de la Suisse on a créé des chambres dites *mortuaires*, où l'on dépose les personnes dont la mort ne paraît pas certaine ; un anneau, communiquant au moyen d'un cordon à la chambre du concierge, est passé à un des doigts ou à une main du mort et s'agite au moindre mouvement, et il n'est pas très-rare d'entendre la sonnette.

Je n'y trouve qu'un inconvénient, et il est grand. La chambre *mortuaire*, qui est une dépendance du cimetière, est froide, glaciale même en hiver, et tel malheureux qui pourrait revenir à la vie, la perd nécessairement.

Je fis mettre dans leurs lits ces deux personnes, après les avoir faites débarrasser de tout vêtement et de tout ce qui pouvait gêner la circulation. Après les avoir fait mettre dans une position de manière à ce que la tête et la poitrine fussent élevées, deux grands cerceaux pour soutenir les couvertures, à gauche et à droite des cadavres, deux chaufferettes, garnies de braise, avec ordre de les renouveler selon que le besoin s'en ferait sentir, je fis serrer les couvertures autour du cou pour prévenir tout ce que pourrait amener le dégagement de l'acide carbonique.

Pendant les premières vingt-quatre heures la chaleur se maintint, et, sauf une légère pâleur, les traits conservèrent une apparence de vie. Je fis augmenter et renouveler les feux plus souvent, mais quarante heures ne s'étaient pas écoulées, que les signes caractéristiques de décomposition se manifestèrent.

Ainsi, les yeux s'enfonçaient dans les orbites, les pommettes d'un rouge cuivré tranchant sur la pâleur livide du reste de la figure, le ventre météorisé, gonflé, un cercle bleuâtre autour de l'ombilic, les membres flasques, tout jusqu'à l'odeur très-prononcée dès qu'on remua les cadavres, m'annoncèrent que tout était fini.

Dans les cas dont j'ai parlé, lorsqu'on n'a pas des signes de mort certaine et que la moindre crainte de commettre une de ces erreurs effroyables existe, ne pourrait-on pas, ne devrait-on pas mettre en usage ce moyen si simple, à la portée de tout le monde, et dont on ne peut contester l'efficacité?

Une chambre mortuaire dans tous les hôpitaux ne devrait-elle pas être ouverte pour recevoir les personnes qu'on ne peut garder chez soi, c'est ce que je me demande et soumets à l'attention de l'autorité et des familles.

Aurillac.— Imprimerie de L. Bonnet-Picut.

MA PÉTITION SUR LA NÉCESSITÉ ET LES MOYENS

DE CRÉER UN COURS D'ACCOUCHEMENTS

Dans les départements

Messieurs les Sénateurs, Messieurs les Députés,

L'opinion publique se préoccupe de la dépopulation de la France alors que les puissances voisines progressent dans un sens contraire, et de là un danger redoutable pour l'avenir.

Les causes de cet état de choses sont multiples, tendent à s'aggraver de plus en plus, et il est urgent de les enrayer, surtout en ce qui regarde l'administration, qui peut y porter remède.

Le luxe, une ambition qui ne connaît plus de bornes, un déclassement social effrayant, un égoïsme aveugle qui en est la suite naturelle, la doctrine de Malthus qui tend à se répandre même dans les campagnes où elle était inconnue afin d'avoir moins de devoirs à remplir, plus d'aisance momentanée, une vie plus facile, par suite l'oubli de ce vieil adage, que *Dieu bénit les nombreuses familles et que les enfants sont la fortune des artisans et des laboureurs*, adage qui se vérifie si souvent ; telles sont en général les causes morales de cette dépopulation.

Il en est d'autres à la fois morales et matérielles, ce sont la suppression des tours, *cette ingénieuse invention de la charité chrétienne*, ainsi que l'a dit Lamartine, *qui a des mains pour recevoir et qui n'a pas d'yeux pour voir, point de bouche pour révéler* ; l'industrialisme des nourrices devenu si hideux ; l'inspection des enfants trouvés confiée à des hommes honorables sans doute, mais qui ne peuvent répondre aux besoins de la société parce qu'en général ils n'ont pas les connaissances voulues, alors que ces fonctions ne devraient être que l'apanage des médecins, seuls capables de les bien remplir, cette assistance, au lieu d'être administrative, devant être essentiellement hospitalière ; telles sont les causes morales et matérielles auxquelles le gouvernement doit porter remède.

Il est encore une autre cause de dépopulation en ce qui regarde les enfants, mais aussi les mères de famille, sur laquelle je dois appeler l'attention du Sénat ; je veux parler *de l'absence de sages-femmes dans les communes rurales et de l'urgente nécessité de compléter ce service.*

La population de la France, le nombre des accouchements qui ont lieu tous les ans, nécessitent de *treize* à *quatorze* mille sages-femmes, dont *dix* mille pour les communes rurales où elles peuvent rendre d'autant plus de services qu'elles servent, en même temps, de gardes-couches.

Leur nombre n'atteint pas, en ce moment, celui de *cinq* mille, et près des deux tiers sont dans les villes, où leur présence est bien loin d'être aussi nécessaire, ou dans les communes réputées riches. Les communes rurales dans les pays pauvres ou montagneux en sont à peu près totalement dépourvues, alors que c'est là surtout qu'elles sont indispensables.

La vie des femmes et des enfants est entre les mains de *matrones* toujours ignares, brutales, souvent sans aveu, et n'étant pas aussi étrangères qu'on pourrait le croire à tous ces avortements, à tous ces morts-nés, à tous ces infanticides dont le nombre va croissant, quoi qu'on en dise, d'une manière effrayante ; quand par des imprudences, des manœuvres, produit de leur présomption et de leur ignorance, elles n'amènent pas la mort des enfants et des mères forcées de les appeler en l'absence de toute sage-femme.

Professeur du cours d'accouchement quand il existait à la Maternité de Rodez, je crus devoir faire un travail sur le nombre de sages-femmes nécessaires dans le département, en attribuant à chacune d'elles une circonscription de 2,500 à 3,000 habitants, selon l'agglomération des habitants et la conformation topographique du pays, et j'eus la preuve qu'il en fallait près de 150 pour que tous les postes ou circonscriptions fussent occupés.

Il ne suffit pas d'être médecin et d'avoir pratiqué, mais il faut avoir professé un cours d'accouchements et avoir été ainsi mis en rapport avec des élèves venues de tous les points d'un département pour se faire une idée de ce qui se passe et amène la mort d'enfants et de femmes par suite de l'absence de sages-femmes.

On ne pourra donc porter remède à cette cause de dépopulation, plus grande qu'on ne pense généralement, et détruire les erreurs populaires qu'en *instituant un cours d'accouchements dans tous les départements*, et de là le mémoire que je publiai, en 1865, dans le *Journal de statistique de Paris*.

En l'état actuel, la France possède, en dehors des facultés, plusieurs écoles, mais en général le nombre des élèves est dérisoire dans quelques-unes, ainsi que celui des élèves qui y vont des autres départements.

Ainsi, l'Allier envoie tous les deux ans, durée des cours, *quatre* élèves ; les Hautes-Alpes, *deux* ; l'Aude, *deux* ; l'Aube, *trois* ; l'Ardèche, *deux* ; le Cantal, *deux* ; la Creuse, *deux* ; la Dordogne, *trois* ; l'Eure, *trois* ; le Gers, *quatre* ; l'Indre, *deux* ; le Loir-et-Cher, *quatre* ; la Haute-Loire, *deux* ; la Loire-Inférieure, *six* ; le Lot, *deux* ; le Lot-et-Garonne, *deux* ; le Nord, qui a 1,200,000 habitants, *quatre* ; l'Oise, *quatre* ; la Haute-Saône, *cinq* ; la Sarthe, *une* ; la Seine-et-Marne, *une* ; les Deux-Sèvres, *deux* ; le Tarn-et-Garonne, *une* ; l'Yonne, *deux*.

D'après ce simple aperçu, on voit que les villes principales doivent seules être à peine pourvues de sages-femmes, mais qu'à peu d'exceptions près, les petites villes, les chefs-lieux de canton et surtout les communes rurales sont livrées aux seules matrones.

Qu'on ne dise pas que les médecins suffisent pour faire les

accouchements, ce serait beaucoup si on pouvait penser qu'ils peuvent faire tous ceux qui sont laborieux, car pour les autres ce sont presque toujours des matrones, et de là toutes ces morts d'enfants et de femmes, triste produit de l'indifférence des Conseils généraux et de l'administration, indifférence à laquelle il est urgent de mettre un terme.

Venons aux voies et moyens :

Un hôpital de la maternité, annexe d'un autre ou séparé, ce qui vaut infiniment mieux, existe depuis quelques années dans presque tous les chefs-lieux de département.

Que faut-il pour ouvrir un cours d'accouchements ? Un professeur directeur, une sage-femme chargée de faire les répétitions du professeur, les accouchements en son absence, de nourrir les filles ou femmes enceintes, ainsi que les élèves qui doivent être logées dans la maison.

Deux ou trois élèves par arrondissement, selon les besoins des populations, recevant chacune une indemnité de 30 fr. par mois pour leur entretien dans l'établissement ; un achat de surcroît de mobilier, d'instruments, de livres, s'élevant à 2,000 francs au plus une fois payés.

Une subvention annuelle de 4 à 5,000 francs pour les honoraires du professeur, de la sage-femme et l'entretien des élèves, en tenant compte de ce que coûtent les élèves envoyées au dehors, car les frais sont faits pour l'entretien des femmes ou filles enceintes, le tout à la charge des départements qui n'ont pas d'école d'accouchements ou un trop petit nombre d'élèves sages-femmes, serait suffisante pour faire cesser en quelques années une situation si déplorable.

Une sage-femme n'est-elle pas aussi nécessaire, dans nos communes rurales surtout, qu'une institutrice ? et le Gouvernement, qui fait tant de sacrifices pour les unes, peut-il rester indifférent en ce qui concerne des besoins autrement grands des populations ?

Je n'ignore pas qu'il y a des circonscriptions où les sages-femmes ne veulent pas aller occuper le poste qui leur est désigné, soit à cause de la rigueur du climat, de l'indigence des habitants, de la présence plus que *tolérée* des matrones;

mais qui empêche ces communes, aux dépens des revenus des biens communaux, les bureaux de bienfaisance, de leur attribuer une indemnité, non pas précaire mais annuelle, de deux à trois cents francs, le Conseil général dût-il venir en aide ?

Que de sommes bien plus considérables, dont la nécessité est problématique, ne sont-elles pas votées tous les ans.

Quant au recrutement des élèves, qu'on ouvre largement les portes de ces cours aux femmes des gendarmes, des gardes champêtres, des cantonniers, ainsi que je le proposais en 1865, et l'on aura en général des sages-femmes laissant peu à désirer et pour la plupart à la disposition de l'administration.

Pour ce qui est des *matrones*, je comprends qu'on les tolère en l'absence de sages-femmes ; mais du moment qu'une circonscription serait pourvue, je voudrais que le brigadier de gendarmerie reçut ordre de signifier aux matrones de cesser de suite, et qu'il eût le pouvoir de poursuivre devant les tribunaux, sans intervention de la sage-femme, toutes les matrones qui se rendraient coupables de ce délit.

Dès le moment que le Gouvernement accepterait la proposition de nommer pour chaque département *un médecin directeur des hôpitaux et inspecteur des enfants assistés*, ne pourrait-on pas lui donner le droit *d'inspection et de surveillance* sur les sages-femmes élevées aux frais des départements ?

Je crois que ce serait avantageux sous bien des rapports.

Telles sont les idées et les propositions que j'ai l'honneur de soumettre au Sénat et à la Chambre des députés.

TABLE DES MATIÈRES

Aurillac.— Imprimerie de L. Bonnet-Picut.

www.ingramcontent.com/pod-product-compliance
Lightning Source LLC
Chambersburg PA
CBHW060602100426
42744CB00008B/1277